KP法

シンプルに伝える紙芝居プレゼンテーション

Kamishibai Presentation

川嶋　直

みくに出版

本書は、すべて森林認証の用紙を使用しています。
カバー：ミセスB-F
帯　　：ミセスB-F
表紙　：ブンペル
見返し：ブンペル
本　文：npi上質グリーン70（PEFC）

RICE INK®

バイオマス
登録No. 080041

この印刷物は大豆油にかわり米ぬか油を使用し、地球温暖化ガスの発生を低くしたライスインキで印刷しています。

はじめに

　僕は八ヶ岳の麓・山梨県清里のキープ協会で、自然の意味や面白さを伝える「環境教育・インタープリテーション*」という仕事をしています。東京から清里に移住したのが１９８０年、それからまもなくインタープリテーションの仕事を始めましたので、もう30年以上もこの仕事をしていることになります。ところがここ10年位は清里で働くことよりも、東京など街の中で働くことが断然多くなりました。最初は自然と人とをつなぐという仕事をしていたのですが、次第に人と人をつなぐ仕事が増えてきたのです。

　自然と人そして、人と人をつなぐために、いろいろな方法を工夫してきました。最初にわかったことは「（僕が）知っていることを、ただ一方的に人に話しただけではなかなか伝わらない」ということでした。こうした一方的なコミュニケーションは伝える側が満足することはできても、受け取る側の満足を得るのは難しいということです。そして次第に僕は「参加型」「体験型」の学びの方法を取るようになってきました。そこに集まった人と人の相互作用によって学びや発見が「広がり・深まる」ような、ワークショップ的手法を次々と試みるようになりました。やはり人は人によって刺激され、心も動き始めるものだと思いました。

こうした清里の森の中での、参加体験型のワークショップ的手法は、自然の中だけではなく、室内で行われる人と人とのコミュニケーションの場にも転用できることが、だんだんわかってきました。人と自然の橋渡し機能である「インタープリテーション」は、人と人をつなげる「ファシリテーション」[*]機能にも通じるものがたくさんあったのです。

10数人の大学院での授業、20~30人規模のワークショップ・企業人の研修、200人規模の環境教育等のミーティング、数百人規模の講演・シンポジウム。学生、行政職員、企業人、市民活動ボランティアの方々を対象に、大学の教室で、自然学校で、研修施設で、企業の会議室で、公民館や様々な展示施設で、僕は人に何かを伝え、人と人とをつなぐ機会を得てきました。伝える対象と場面と機会が多様であったため、いろいろと一般化できることが見えてきました。いつも同じような対象者ばかりを相手にして、仮にその中で一般化できる法則を見出したとしても、それはその場面でしか通用しない「一般化」に過ぎません。その点僕が前記のような多様な体験ができたことはとても幸運なことでした。

この本では、僕が30年近く試行錯誤してきた、人と人とをつなぐコミュニケーションの様々な工夫と、その中で生まれてきたKP法（紙芝居プレゼンテーション法）という、シンプルなコミュニケーション手法について書いてみました。

話の軌跡が見える（81ページ）

的を射た問いは、聞き手をより能動的にする（102ページ）

これらの言葉は、いずれもこの本の中に登場する言葉です。いずれも僕のコミュニケーション・プレゼンテーション・ファシリテーションの試行錯誤の結果たどり着いた言葉たちです。全ての言葉が僕のオリジナルではありません。コミュニケーションの世界でよく使われている言葉もあります。皆さんもぜひ、こうした自分の言葉にたどり着いてください。

当然のことながら、僕は伝え手であると同時に、様々な場面で聞き手でもありました。僕が聞き手であるときには「聞き手はどんな所に、何に対してストレスを感じているんだろう」を感じ取ろうとしていました。そして、そうした場面で感じ取ったこととは……。

・せっかく話している言葉を視覚化して（パワーポイントで投影して）くれてい

るのに、字が小さすぎて読めない。あるいは文章量が多すぎて、今どこを話しているのかわからない。

・話し手が「話し慣れている言葉」は特に聞き取りにくい。話し手の名前や所属、専門分野の様々な専門用語たち。話し手はその言葉に慣れ過ぎているためつい早口になり、聞き手にとっては初めて耳にする言葉なので、とても耳だけではキャッチしきれない。

・せっかくの参加型のワークショップなのに、ファシリテーター*からの手順説明が長く複雑で、さらにどこにも「見える化」されていないので、いつまでに、何を、どんな風な成果物にすることを求められているのかとても覚えていられない。

他にもいろいろありましたが、この本で紹介するKP法は、このような「困った場面」を改善するために役に立つ技術なのです。

この本が皆さんの人に伝える・人と人をつなげるコミュニケーションの潤滑油として、少しでもお役に立てれば幸いです。

川嶋　直

＊インタープリテーション

本来は異言語間の通訳を意味しますが、人と自然の通訳という意味で米国の国立公園などで行われる自然解説をインタープリテーションと呼びます。またインタープリテーションをする人のことをインタープリターといいます。自然だけではなく歴史や文化も扱い、その事物の裏にある意味を伝える行為です。「解釈を伝える」とも言われています。

＊ファシリテーション

ファシリテート（動詞）の意味は「促進する」「容易にする」という意味です。特に参加者の積極的な関わりを期待する会議やワークショップなどの場での参加を促進し、参加者の関わり方を容易にする機能（役割）をファシリテーションと呼びます。

＊ファシリテーター

ファシリテーションの役割を果たす人のことです。会議・研修・ワークショップなどではファシリテーターの場を見る・判断する・場に働きかける力とセンスが求められます。

Contents

第5章 KP法の必須テクニック 115

第1章

Kamishibai Presentation

まずKP法を見てください

01 「伝える」ということ

まずは、この本でご紹介するKP法（紙芝居プレゼンテーション法）を紙上で実況中継してみます。

お題は、

「伝える」ということ、というKP法です。

僕がプレゼンするときに、いちばん最初にやることが多いものです。

〈お断り〉

元のシートは4色の水性マーカーを使って書いています。印刷は（予算の関係上）白黒ですが、とくに濃く見える文字は青、少し薄い字は、赤で書いています。囲みや下線などは、水色、ピンクなどを使っています。

1

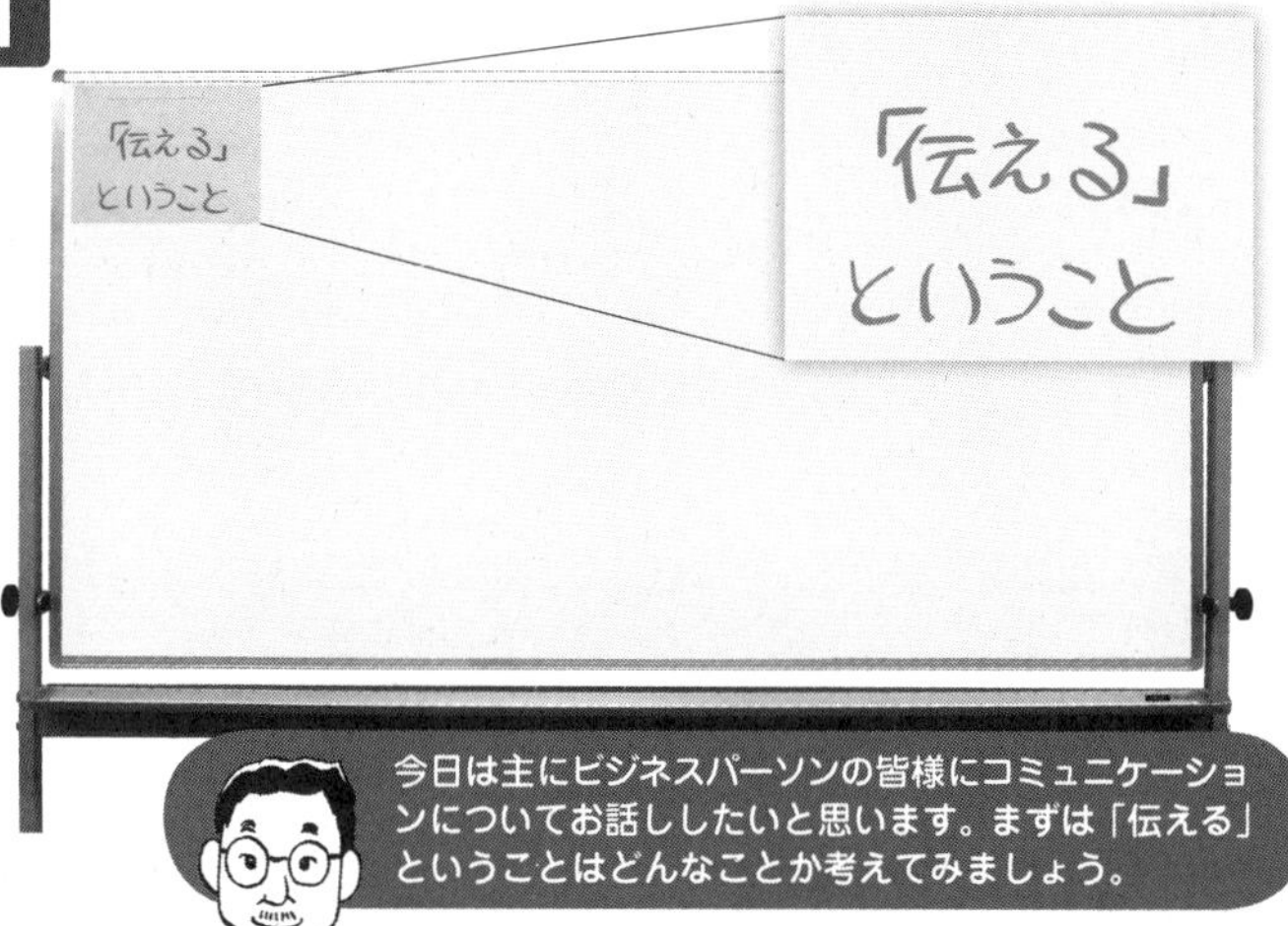
「伝える」
ということ
今日は主にビジネスパーソンの皆様にコミュニケーションについてお話ししたいと思います。まずは「伝える」ということはどんなことか考えてみましょう。

2

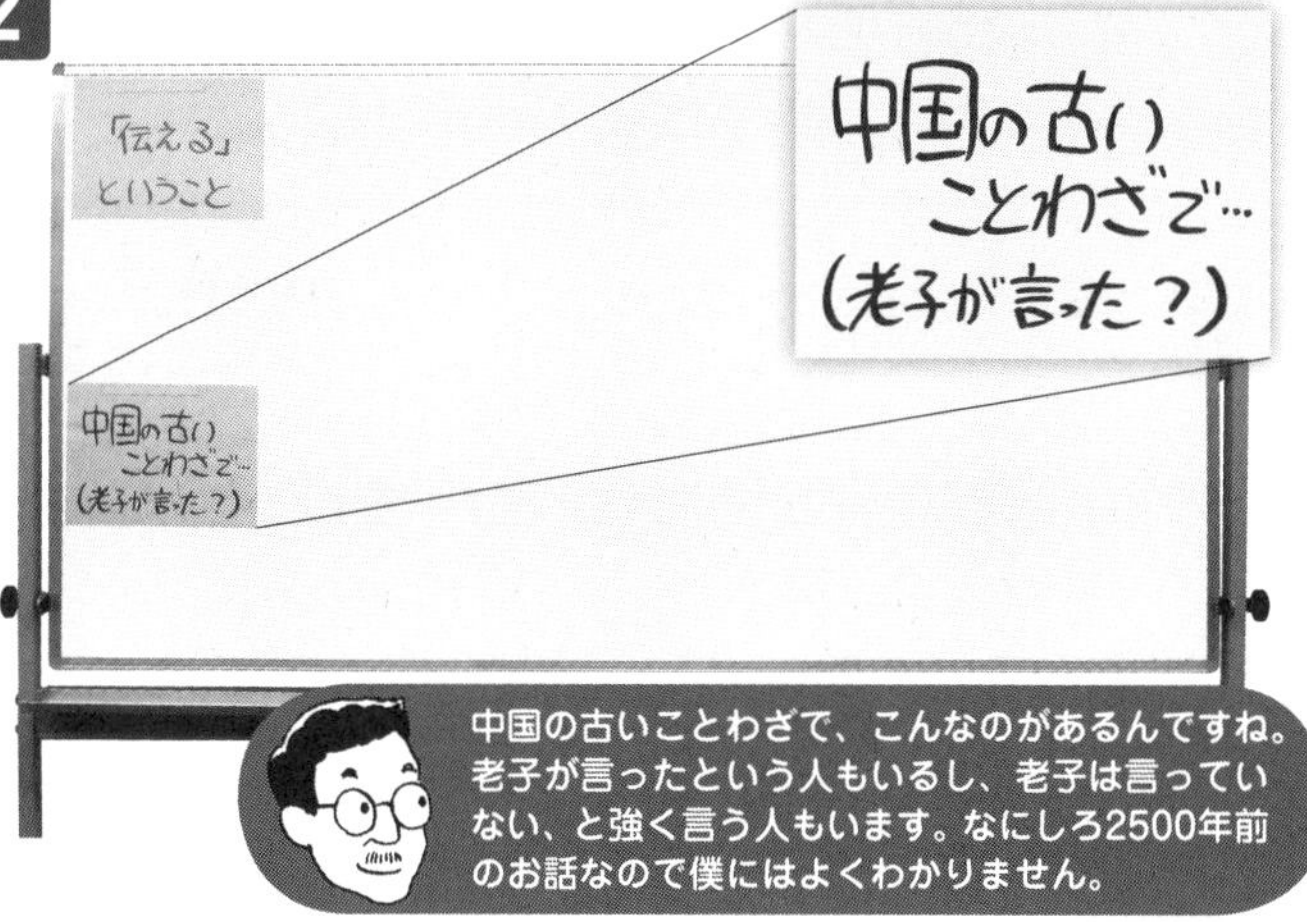
「伝える」
ということ
中国の古い
ことわざで…
（老子が言った？）
中国の古いことわざで、こんなのがあるんですね。老子が言ったという人もいるし、老子は言っていない、と強く言う人もいます。なにしろ2500年前のお話なので僕にはよくわかりません。

3

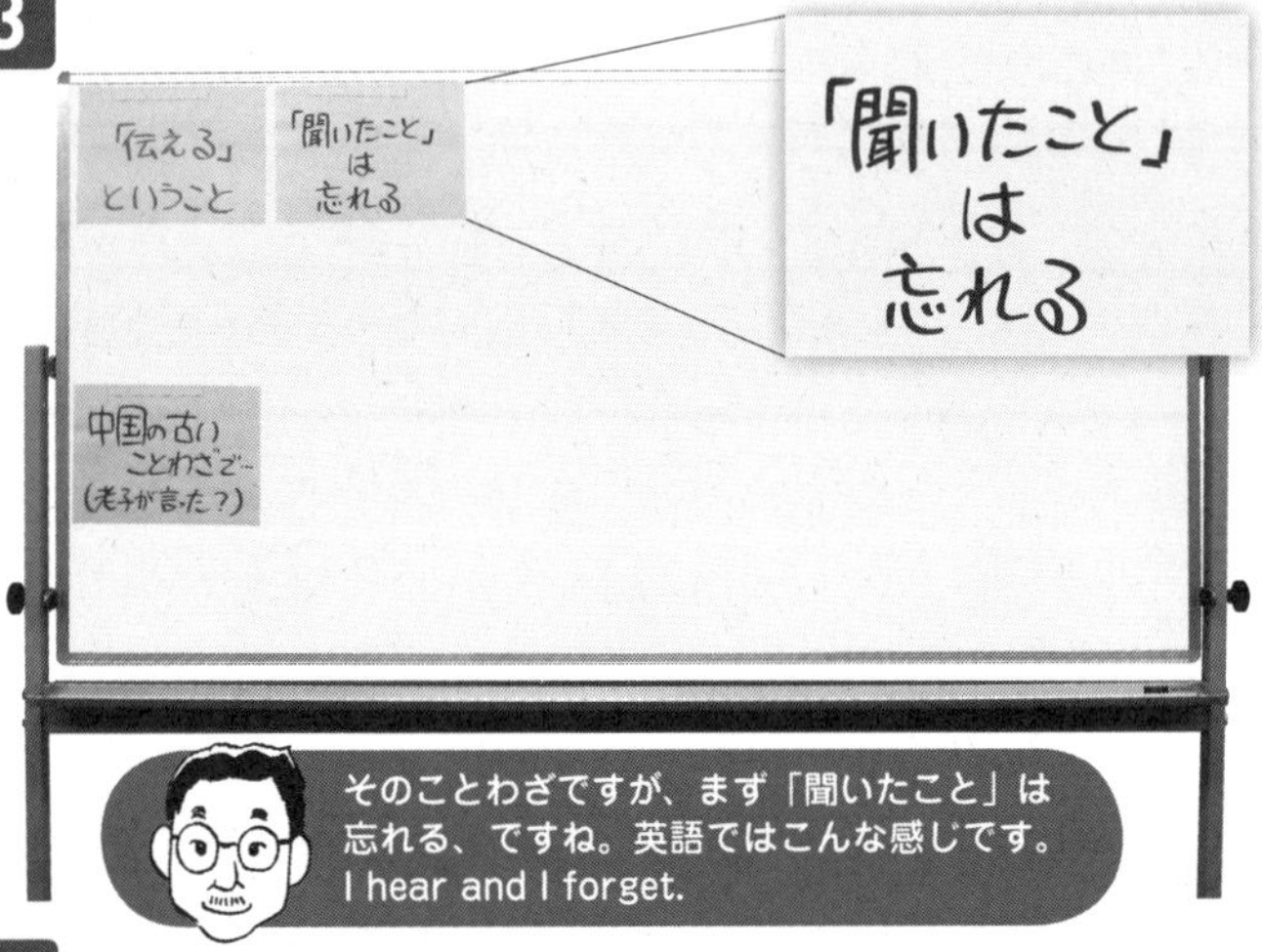

「伝える」ということ
「聞いたこと」は忘れる
中国の古いことわざで-（老子が言った？）
「聞いたこと」は忘れる
そのことわざですが、まず「聞いたこと」は忘れる、ですね。英語ではこんな感じです。I hear and I forget.

4

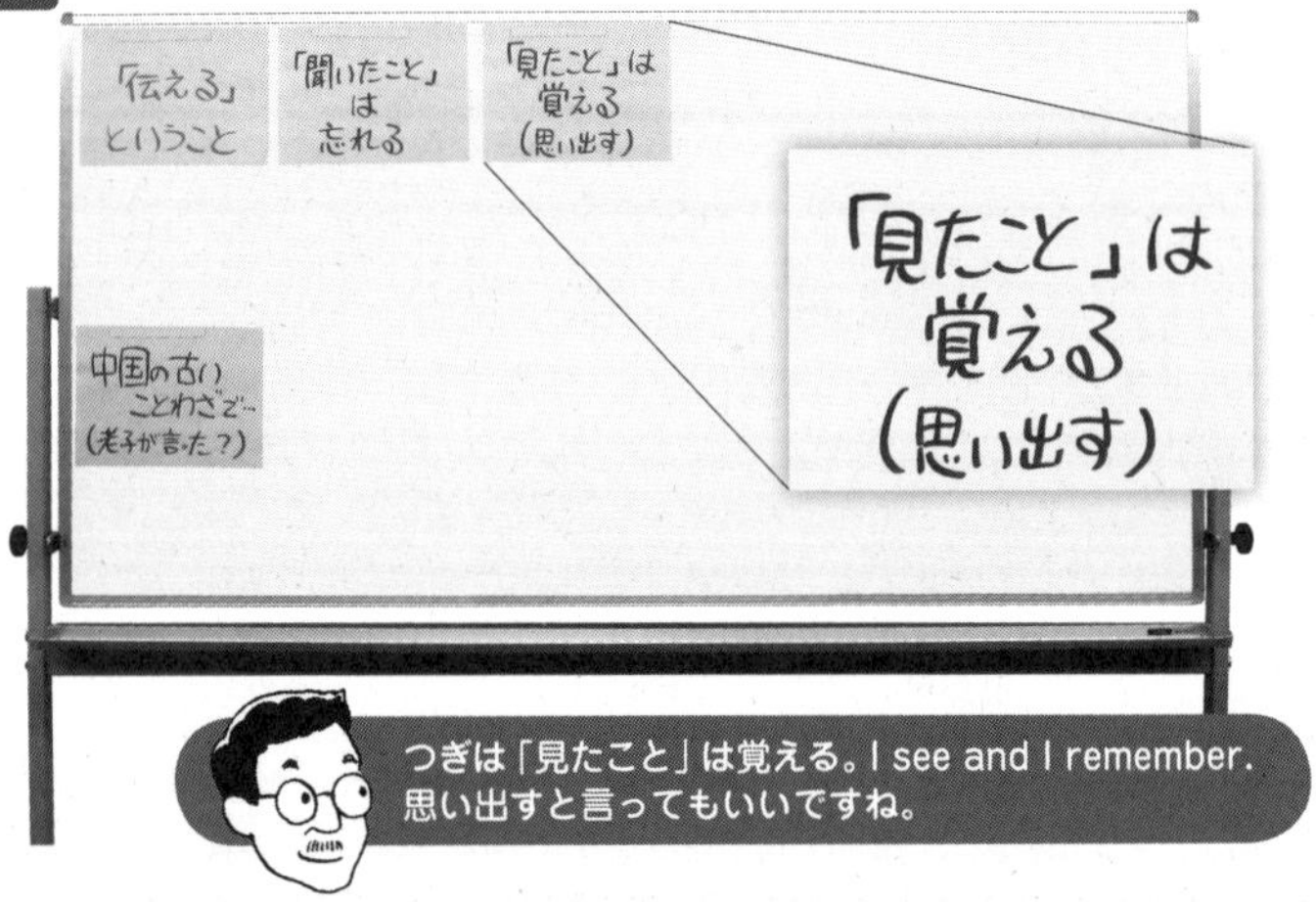

「伝える」ということ
「聞いたこと」は忘れる
「見たこと」は覚える（思い出す）
中国の古いことわざで-（老子が言った？）
「見たこと」は覚える（思い出す）
つぎは「見たこと」は覚える。I see and I remember.
思い出すと言ってもいいですね。

5

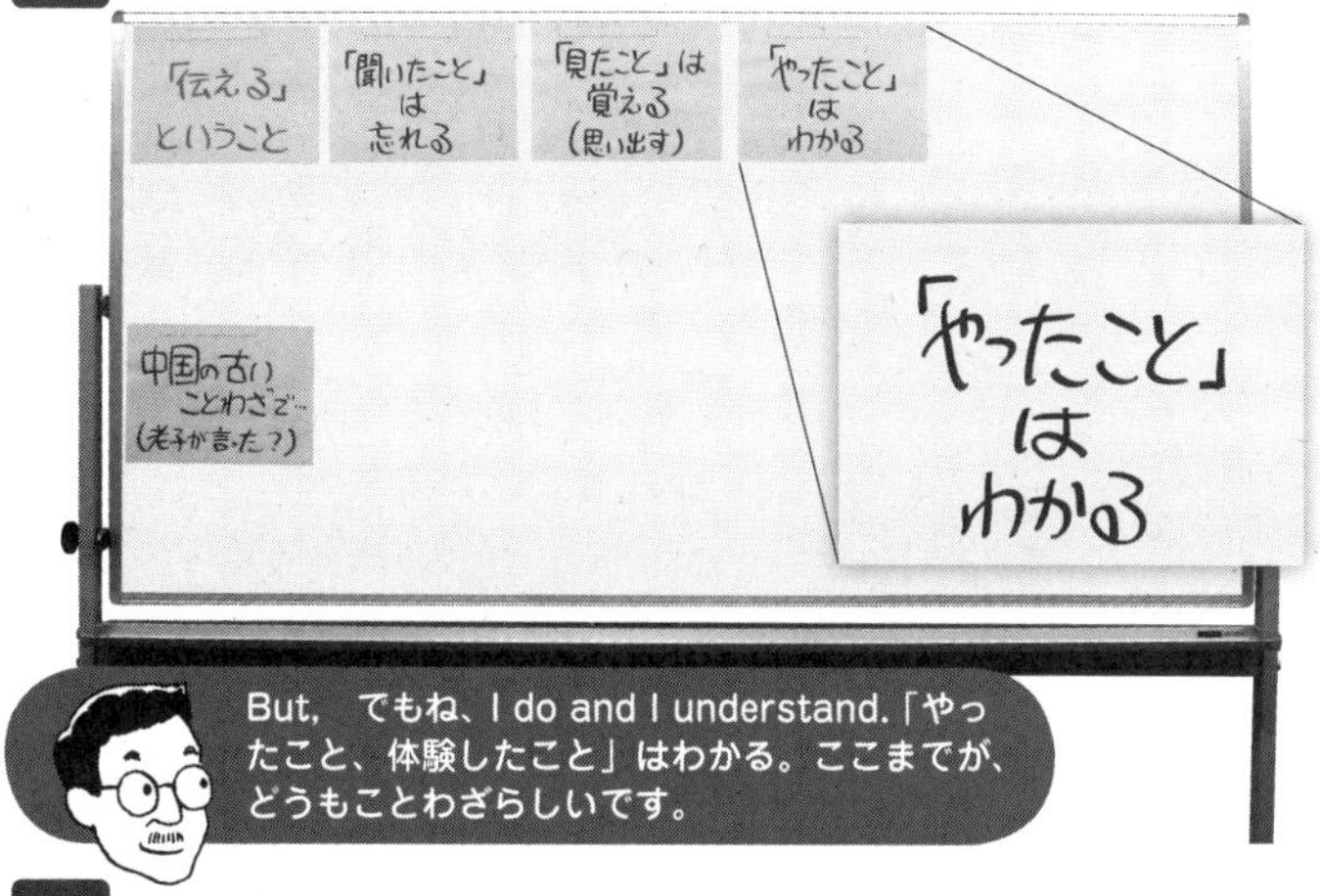
「伝える」
ということ
「聞いたこと」
は
忘れる
「見たこと」は
覚える
（思い出す）
「やったこと」
は
わかる
中国の古い
ことわざで…
（老子が言った？）
「やったこと」
は
わかる
But，　でもね、I do and I understand.「やったこと、体験したこと」はわかる。ここまでが、どうもことわざらしいです。

6

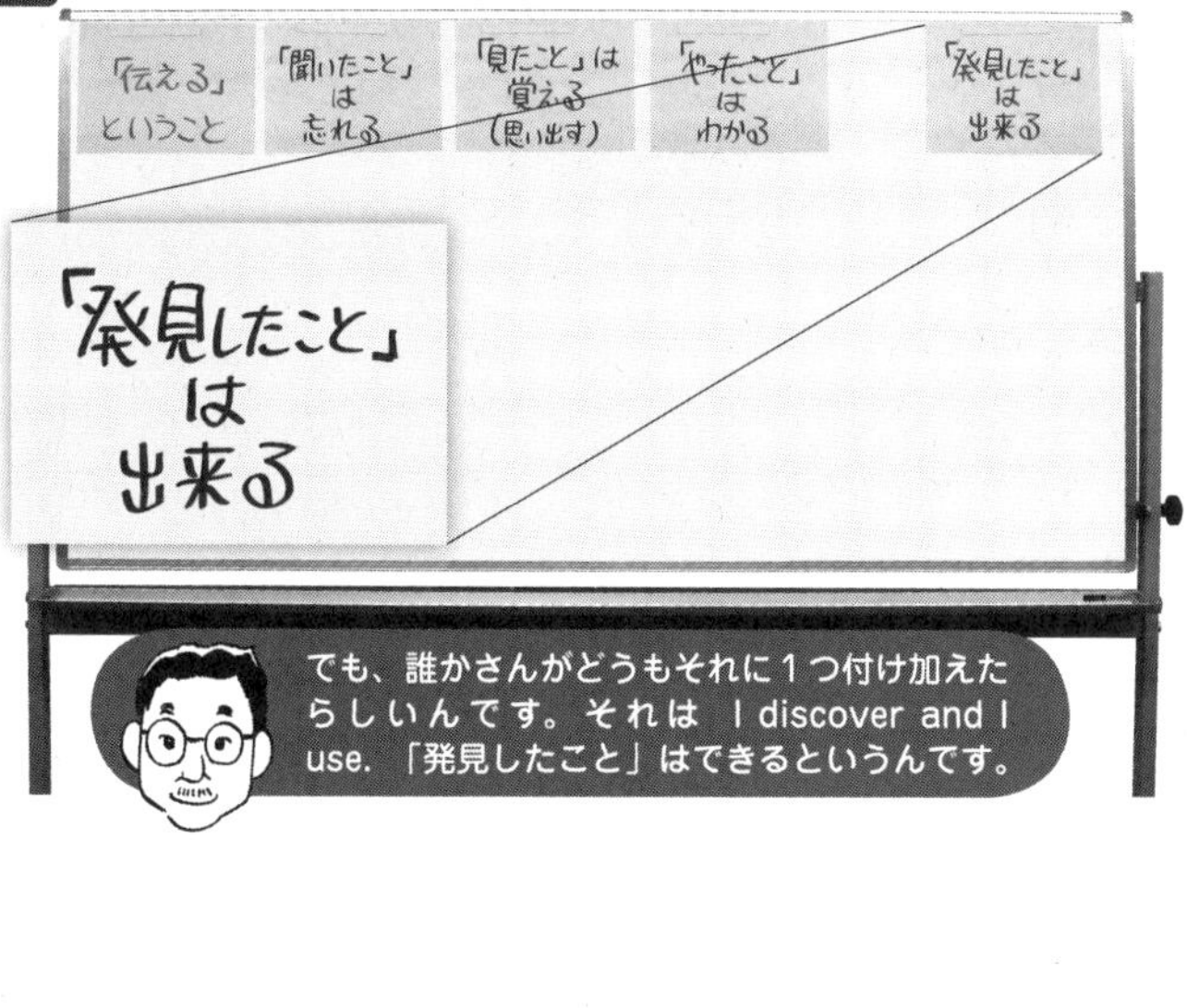
「伝える」
ということ
「聞いたこと」
は
忘れる
「見たこと」は
覚える
（思い出す）
「やったこと」
は
わかる
「発見したこと」
は
出来る
「発見したこと」
は
出来る
でも、誰かさんがどうもそれに１つ付け加えたらしいんです。それは　I discover and I use.「発見したこと」はできるというんです。

どうですか、このことわざ？　そう「聞いた」ことは忘れる、というのは確かですね。聞いただけだとだいたい忘れちゃいますよね。そして人がやったことを見ていると、そうかとは思うけれどなかなかできない。でもやらせてもらう、つまり体験すると、なるほどこうなるんだとわかりますよね。
でも教えてくれた人がいなくなってしまって、あれ、どうやるんだったかなと試行錯誤しているうちに、あ、こうやればできるんだと自分で発見したことはもう忘れない！ということはありますよね。

7

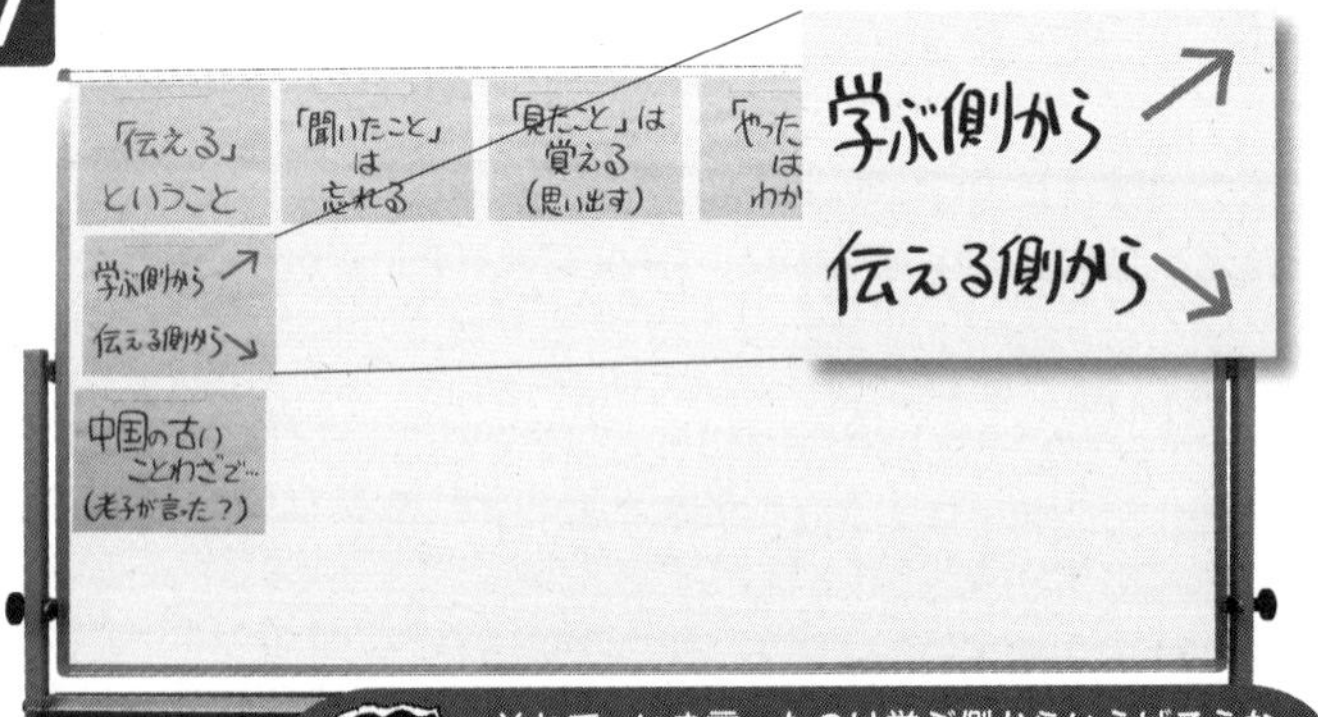

それで、いま言ったのは学ぶ側からいえばこうなる、ということですね。今度は人に伝えるということを考えてみましょう。人に伝える側に立ったら、さっきのを全部裏返せばいいわけですね。

8

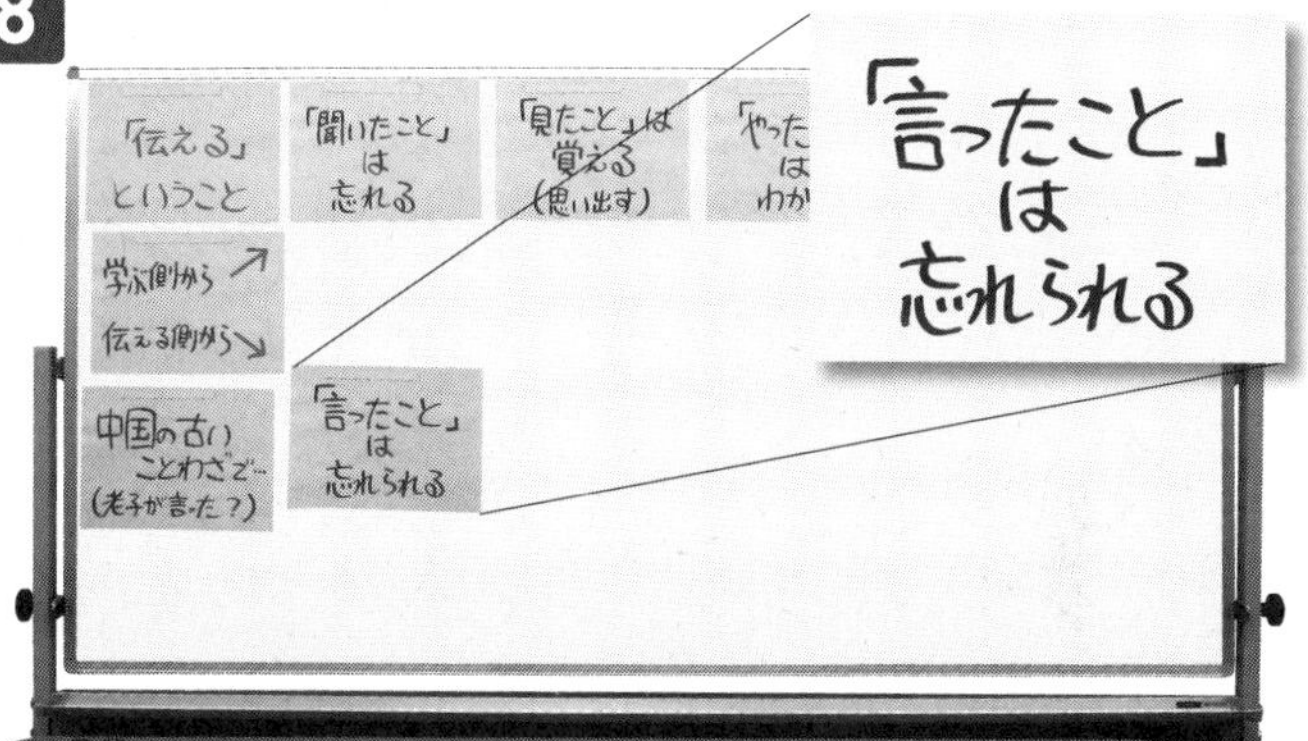

つまり「言ったこと」は忘れられる。「残念！」ですね。「僕は一生懸命話しているんですけれど」と言っても、「あなた、言っているだけだから忘れた」みたいなことです。

9

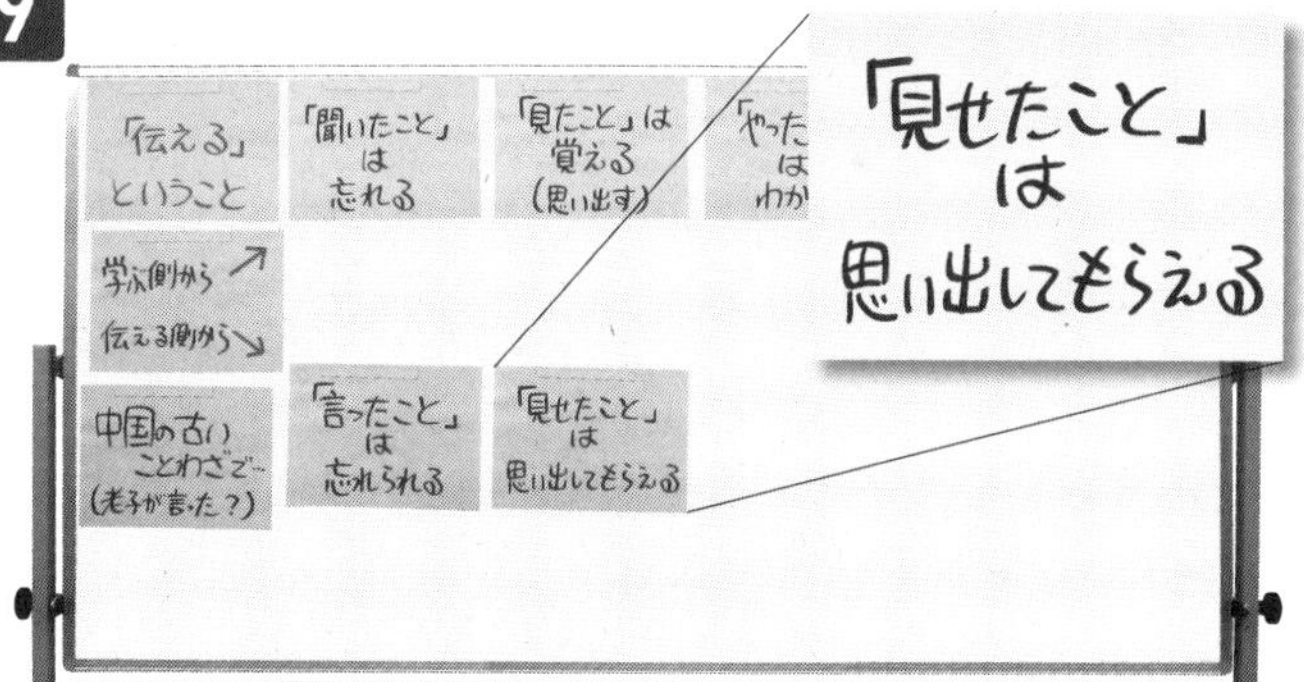

「見せたこと」は、ちょっと思い出してもらえる。実はこのＫＰ法も、一生懸命見せているんですよね。これがお話だけだったら、みんな忘れてしまうかもしれません。何とか文字も一緒に見せようとしたのがＫＰ法なんです。

10

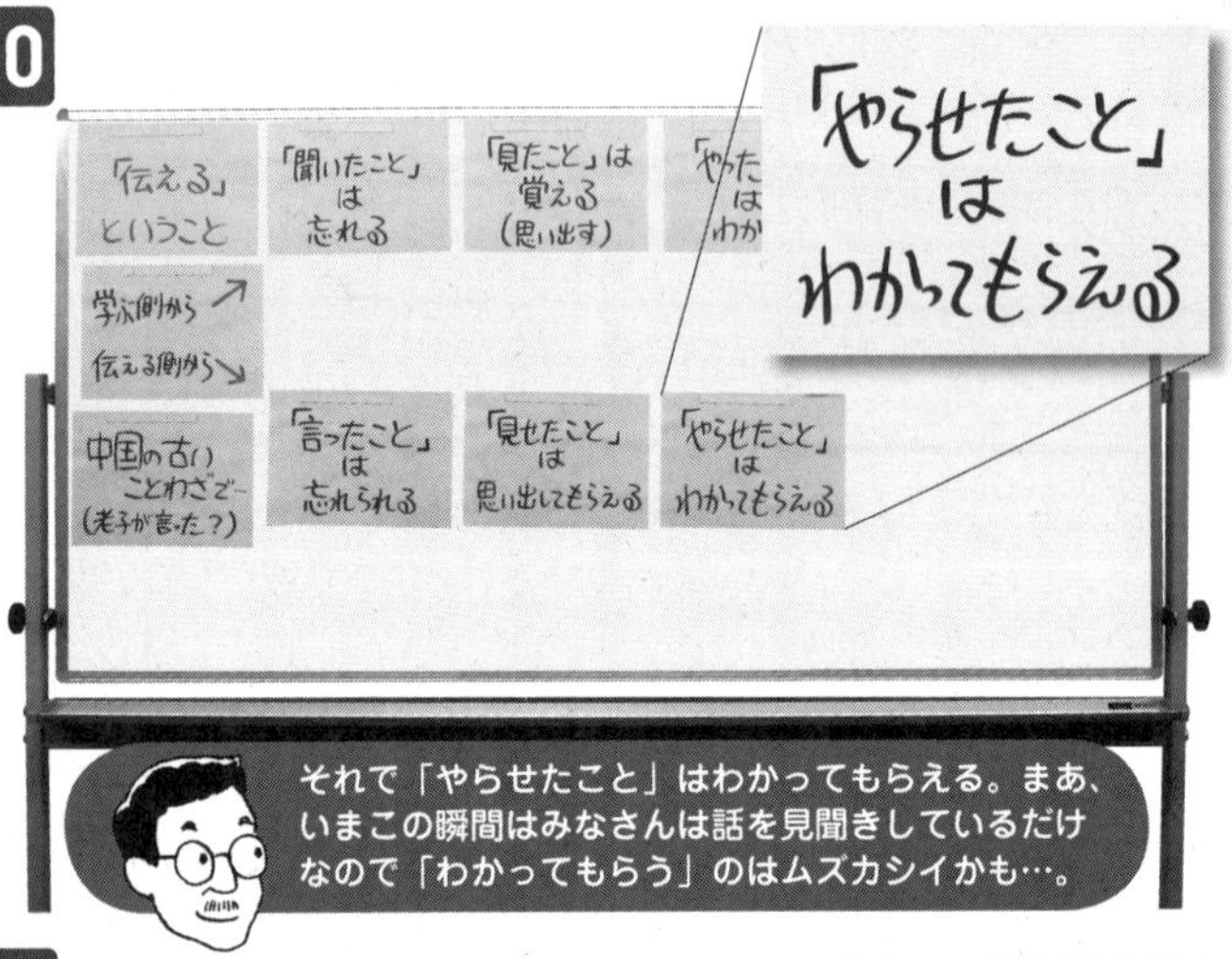
「やらせたこと」は わかってもらえる
「伝える」ということ
「聞いたこと」は 忘れる
「見たこと」は 覚える (思い出す)
学ぶ側から
伝える側から
中国の古いことわざで… (老子が言った？)
「言ったこと」は 忘れられる
「見せたこと」は 思い出してもらえる
「やらせたこと」は わかってもらえる
それで「やらせたこと」はわかってもらえる。まあ、いまこの瞬間はみなさんは話を見聞きしているだけなので「わかってもらう」のはムズカシイかも…。

11

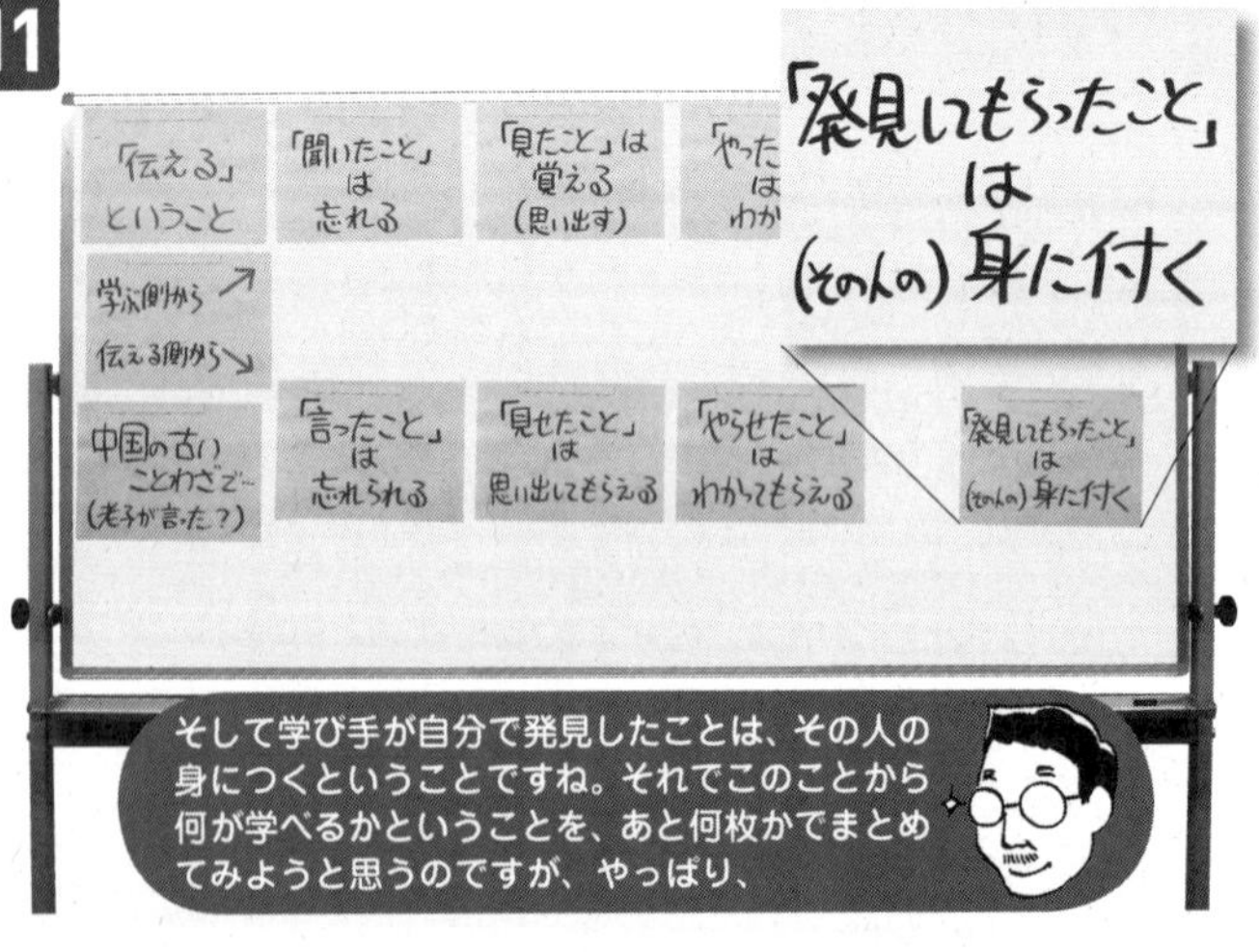
「発見してもらったこと」は (その人の) 身に付く
「伝える」ということ
「聞いたこと」は 忘れる
「見たこと」は 覚える (思い出す)
学ぶ側から
伝える側から
中国の古いことわざで… (老子が言った？)
「言ったこと」は 忘れられる
「見せたこと」は 思い出してもらえる
「やらせたこと」は わかってもらえる
「発見してもらったこと」は (その人の) 身に付く
そして学び手が自分で発見したことは、その人の身につくということですね。それでこのことから何が学べるかということを、あと何枚かでまとめてみようと思うのですが、やっぱり、

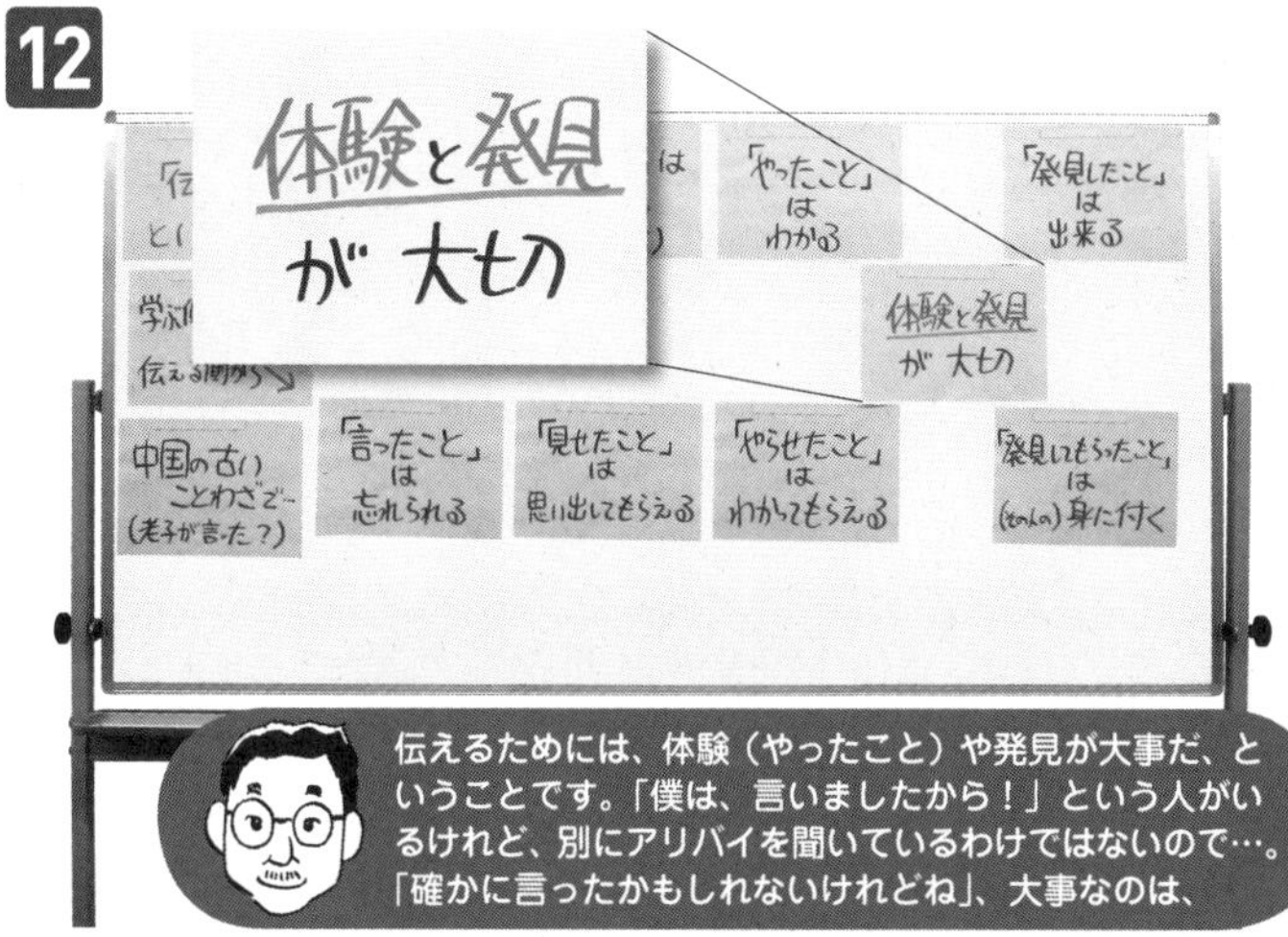
12
体験と発見
が 大切
「やったこと」は わかる
「発見したこと」は 出来る
中国の古いことわざ…（老子が言った？）
「言ったこと」は 忘れられる
「見せたこと」は 思い出してもらえる
「やらせたこと」は わかってもらえる
「発見してもらったこと」は （その人の）身に付く
伝えるためには、体験（やったこと）や発見が大事だ、ということです。「僕は、言いましたから！」という人がいるけれど、別にアリバイを聞いているわけではないので…。「確かに言ったかもしれないけれどね」、大事なのは、

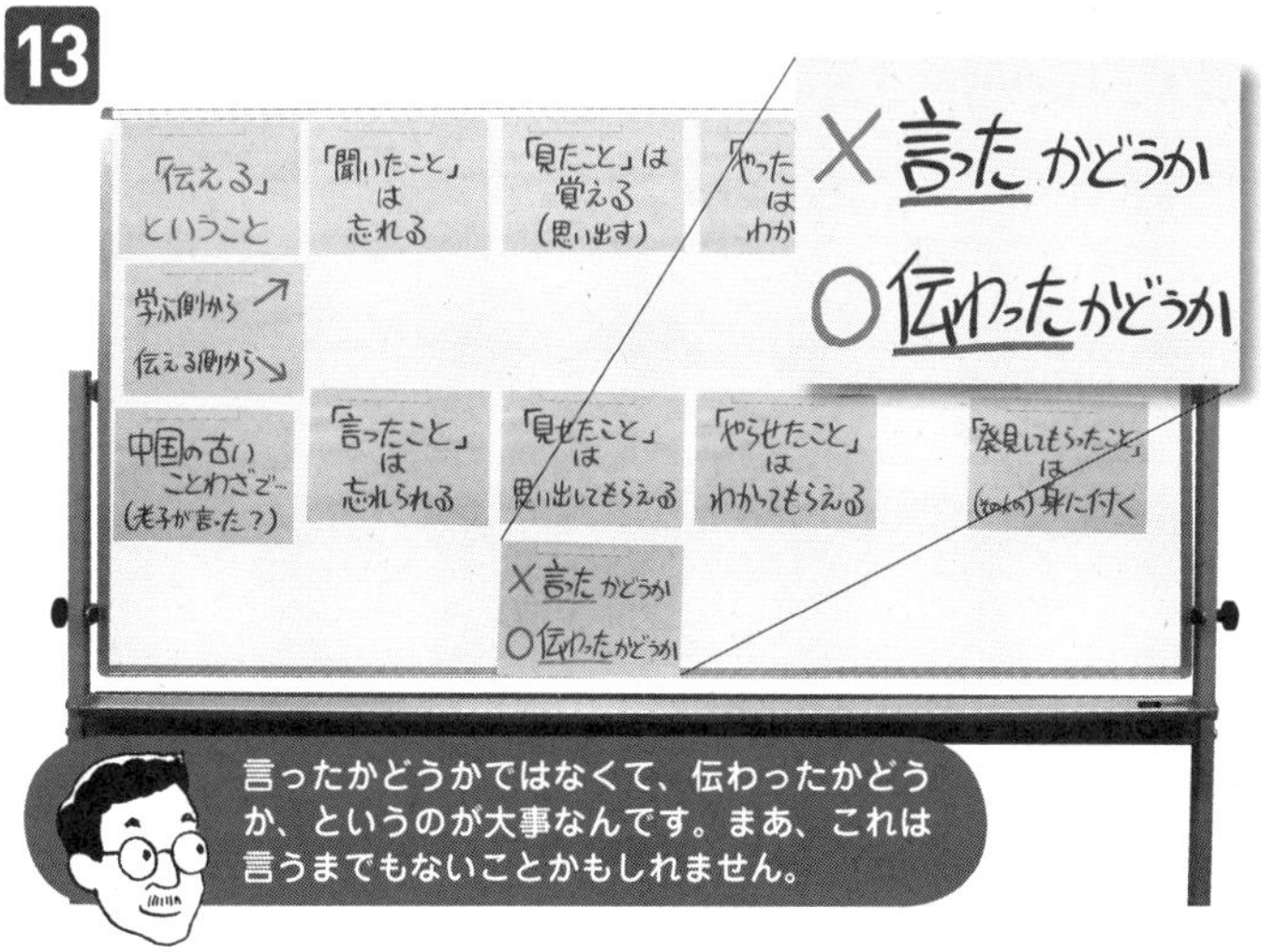
13
×言ったかどうか
○伝わったかどうか
「伝える」ということ
「聞いたこと」は 忘れる
「見たこと」は 覚える（思い出す）
学ぶ側から↗
伝える側から↘
中国の古いことわざ…（老子が言った？）
「言ったこと」は 忘れられる
「見せたこと」は 思い出してもらえる
「やらせたこと」は わかってもらえる
「発見してもらったこと」は （その人の）身に付く
言ったかどうかではなくて、伝わったかどうか、というのが大事なんです。まあ、これは言うまでもないことかもしれません。

14

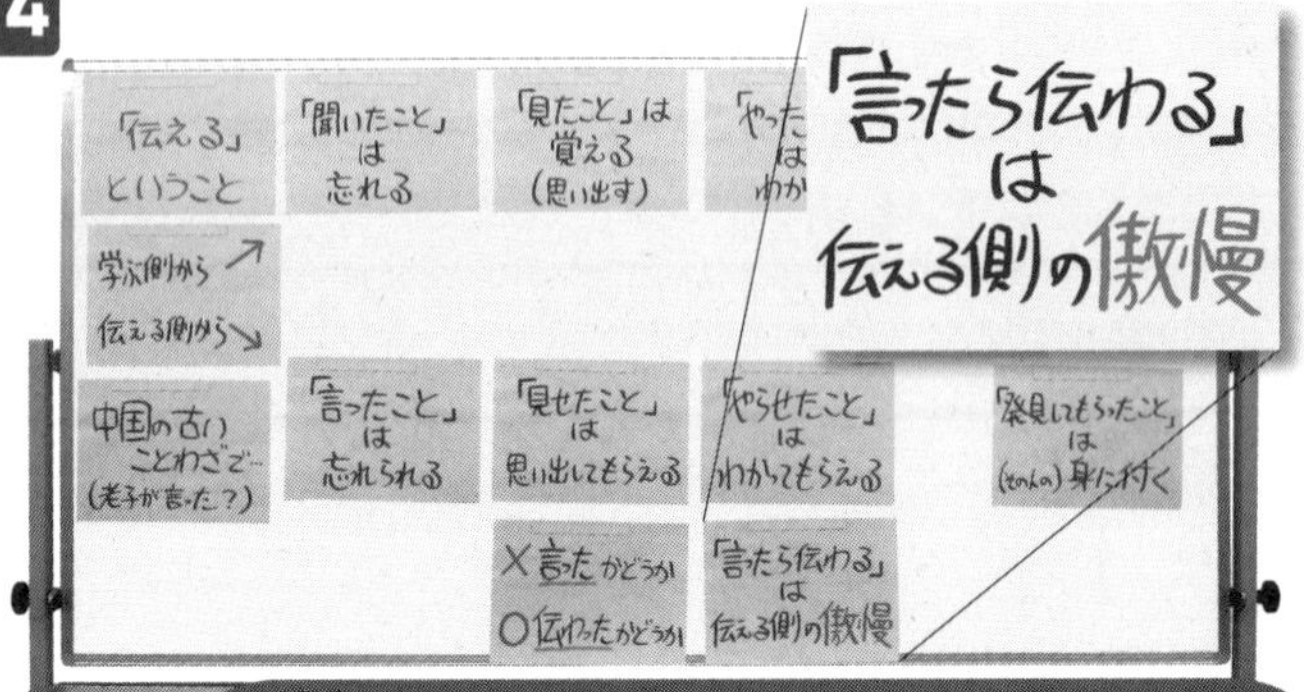

あとは、こういう言い方はどうですか。「言ったら伝わる」は伝える側の傲慢である。「俺は言ったんだ」と言ったって、いや誰も聞いてないよ、伝わってないよ、忘れられちゃったよ、ということがありますよね。

15

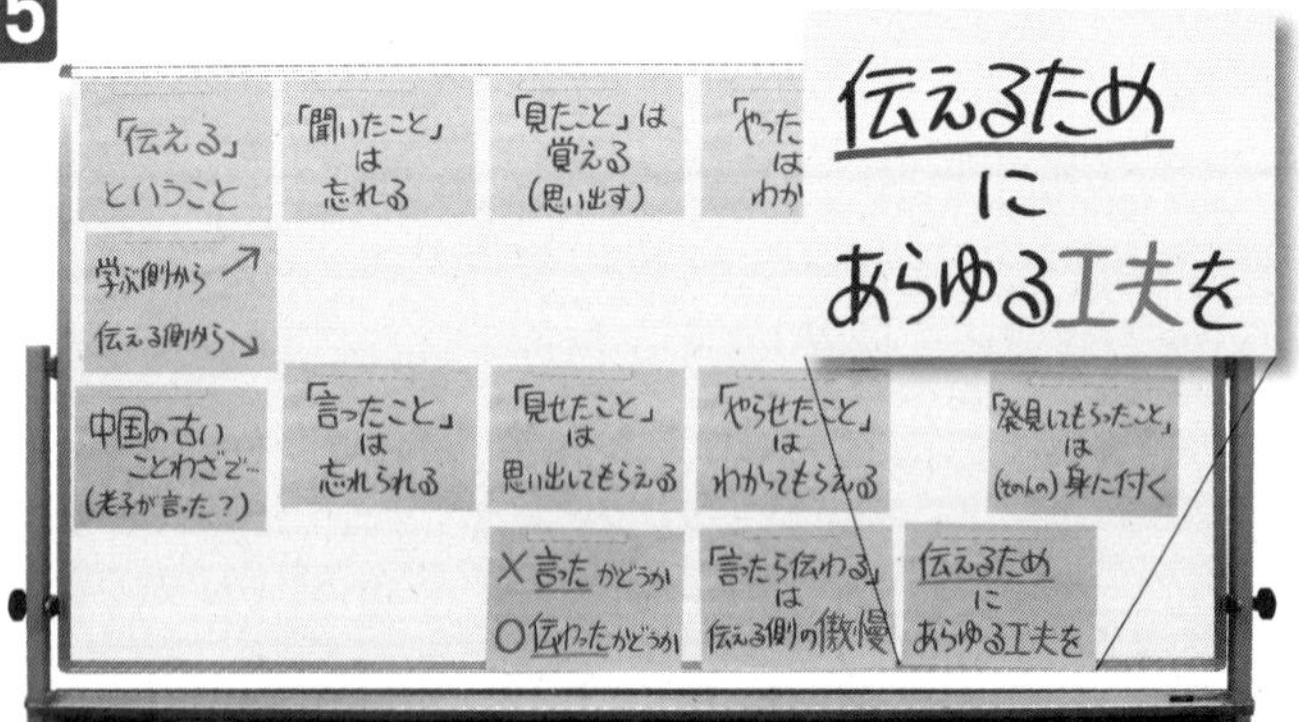

だから僕たちは、伝えるためにあらゆる工夫をするんです。ということで伝えるというのは、大変だ、というお話をさせていただきました。（終わり）

16

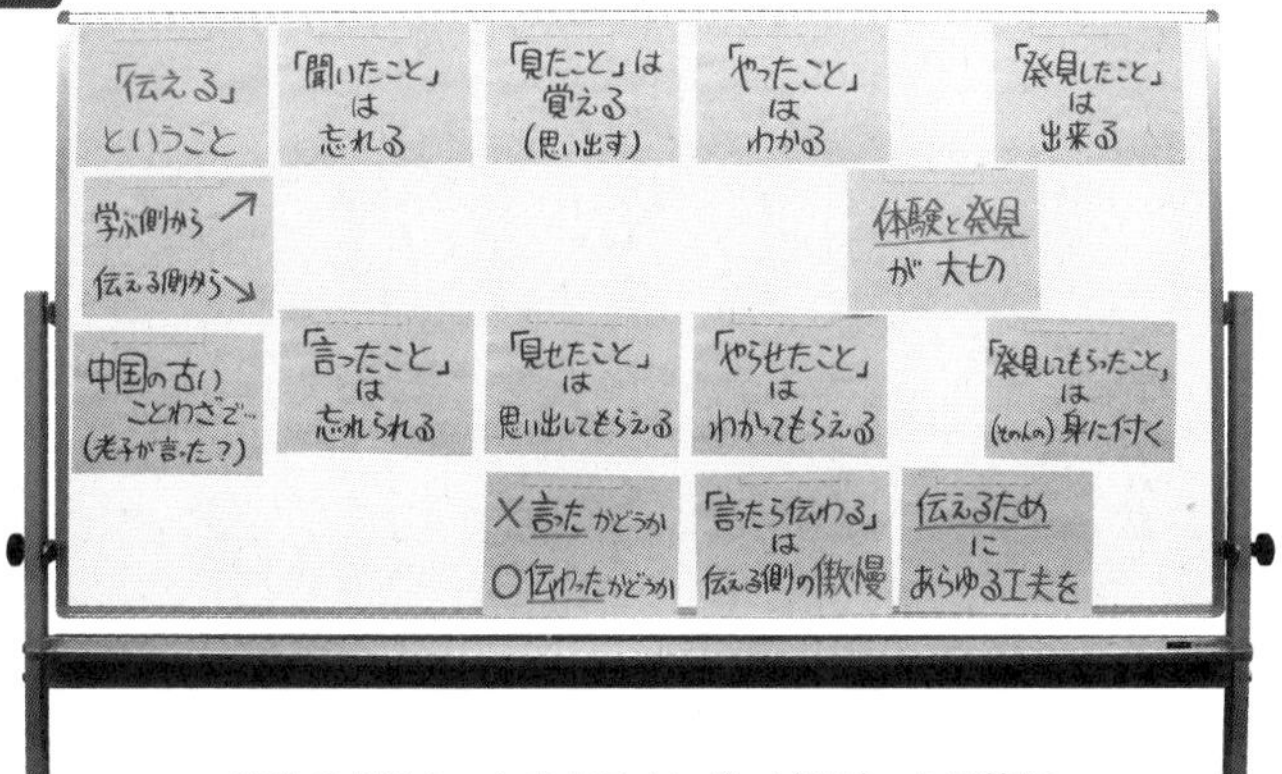

15枚のＫＰシートをホワイトボードに貼った最終形

これがＫＰ法です。ＫＰ法は動きのあるパフォーマンスなので、こうして紙面上に写真と文章で表現するのはなかなか難しいですね。でも大体のイメージがつかめたでしょうか？　みくに出版のサイト（http://www.mikuni-webshop.com）のこの本のページに動画をアップしましたので、そちらをぜひご覧ください。動画を先に見ていただいてから次ページ以降をご覧いただいたほうが、具体的な場面が想像しやすいかもしれませんね。どちらを先にするかはお任せします。

第2章

Kamishibai Presentation

プレゼンテーションを成功させるための基本的な考え方

第2章

01

「言ったら、伝わる」は伝える側の傲慢

このタイトルは、この本の冒頭にKP法で見ていただいた中国の古いことわざから僕が考えたことです。僕は講演やプレゼンテーションの冒頭を多くの場合はこの中国のことわざのKPから始めるのですが、なぜだかわかりますでしょうか？　それは、話す↓聞くという行為だけでは、なかなか伝わることが難しいということを、話し手も聞き手も双方が理解することからスタートしましょう、というメッセージなのですね。そうして、話し手が聞き手の状況を理解し、その結果として話されたことが聞き手のより深い理解につながるように、私は精一杯努力します！　というメッセージなのです。

皆さんは、いろいろな場面で、「私は言いましたからね」と、まるでアリバイの

ように自分の伝える行為を「言った」ということだけで、正当化してはいませんか？　あるいは、それとは逆に聞き手の立場で「聞くだけで全部理解するなんて無理だよなぁ」と思ったことってないでしょうか？　１対１でのコミュニケーションならまだしも、１対10以上のコミュニケーションの場面で**話す→聞く**という行為のみでの理解が困難な場面は結構多いのではないでしょうか。だから皆、様々な工夫をするのです。

パワーポイントによるプレゼンテーションもその工夫のひとつです。あるいは１人で話さずに２人で出てきて、１人が聞き手の立場にたって聞くという工夫もあります。そしてまた、最近テレビのワイドショーなどでよく見かけるのですが、スタジオの大きなボードに、キーワードを巨大フセン紙で隠しておいて、話の展開とともに隠されたキーワードを次々とめくっていくという方法も工夫のひとつです。僕はこの方法もＫＰ法の展開例のひとつだと思っています（もちろん、あの巨大フセン紙はがしプレゼンテーション法の考案者は、ＫＰ法などきっと知らないと思いますが……）。

第2章

02 つい、ごっちゃになってしまう「行為目標」と「成果目標」

私たちは、多くの場合、ある行為をすることを通じて、その先に到達できるはずの成果を得ようと願います。

会議をする行為が大事なのではなく、会議をすることによって新たな発想が生まれたり、皆の合意を得られたりという成果を求めているはずです。

ある行為をすることを通じて、ある成果を得ようとしているのに、この2つのことをごちゃごちゃにして考えている場合は結構、多いものです。行為をしただけで目的が達成されたような錯覚に陥ることもよくあります。例えば営業部門と企画部門の連携をはかるために週に1回ミーティングをしましょうと決めて、集まることにします。でも数回やっているうちに集まることが目的になってしまい、肝心の連携やらクリエイティブな話し合いができていないというようなことってありませんか。

行為目標は、「〇〇する」という、行動することを定めた目標。成果目標は、「〇〇できている（状況にする）」という、状態について定めた目標です。

僕は研修の冒頭によくこの「行為目標」と「成果目標」の話をします。

僕がファシリテーションを担当する研修は、多くの場合参加者同士が初対面の場合が多いのです。そこで受付で名札をお配りし首から下げてもらうようにお願いします。初めて会った4～6人が机を囲んで座りますが、通常の首さげ式の名札の場合、座ってしまうと名札の名前の部分が机の下に隠れてしまいます。僕は、名札の紐の長さを短く調節して、座った状態でも自分の名札が他の人に見えるようにして欲しいとお願いしますが、ここで「行為目標」と「成果目標」の話をするのです。

「名札をしてもらう」というのは「行為目標」であり、「お互いの名札に書かれて

＊僕はこの「行為目標」と「成果目標」という２つの目標の整理の方法を、人と組織と地球のための国際研究所（IIHOE）の川北秀人さんから教えてもらいました。

いることが読めて、お互いにその人が誰だかわかる」ことが「成果目標」です。
ただ名札を首から下げているだけでその名前が読めなかったら、何の成果もないのです。名札の話題をさらに広げれば、名札に名前が書いてあっても、少し離れてしまうと読めないくらいの小さな字で名前が書かれていたら、（特に私たちのように参加型で、座っているだけではなく動きのある研修の場面では）ほとんど意味がないのです。

つまり、よくあることですが、小さな字で印刷された紙や名刺を名札にしたのでは「名札をしている」という「行為目標」は達成されたとしても、その人が誰だか認識できないのでは、名札を付けたことの「成果目標」が達成されていないのです。

「行為目標」と「成果目標」。このふたつの目標をもう一度整理して自分たちがやっていることや、自分たちのコミュニケーションの目標に当てはめてみてはいかがでしょう？

column

わかるとできるは大違い

「聞いたことは忘れる・見たことは覚える（思い出す）・やったことはわかる」。

前項でお話しした中国の古いことわざですが、実は、わかってもらえればそれで良いというなら、まだ簡単なのです。わかってもらったあとに、行動を期待しないのであれば、コミュニケーションに悩む必要はありません。

（僕）「皆さん、わかりましたか。ぜひ次の一歩を踏み出してください。」

（受講者）「先生、どんな問題があるかわかりました」

（受講者）「先生、感激しました。私も行動します」

（僕）「では、次回の研修のときにどんな一歩が踏み出せたかお聞きしましょう」

〈1か月後〉

（僕）「皆さん、どうでしたか？　何か、やってみましたか？」
（受講者）「……」

この場合、次の研修の機会に皆さんにいらしていただけたことだけでも感謝しなければならないのですが、わかってもらえても行動につながらないことはよくあります。これはビジネスの現場でもよくあることなのではないでしょうか。

実社会でのコミュニケーションの多くの場合は、わかってもらったその先に、伝える側が期待する何らかの行動があると思うのです。

わかるとやるは大違いです。

あなたのプレゼンテーションはわかってもらっただけで良いのでしょうか？　それとも、わかってもらった後になんらかの行動を期待しているのでしょうか？　それは一体どんな行動を期待しているのでしょうか？

第2章

03

「知ったから、正しいから行動するのではない」と気づいた！ その1

人間は論理や理屈だけでは本当には動きません。「感動」という言葉はあるけれど、「知動」という言葉はありません。感じたから動くのです。

これは分子生物学者の村上和雄先生の著書『生命《いのち》のバカ力《ぢから》』（講談社＋α新書、2003年）からの引用ですが、これには僕も全く同感です。

「論理的に攻める」のは当然のことだと思います。また、その論理を裏付ける数字や実例をもってさらにその論理を補強することも常套手段でしょう。僕も環境教育の様々な場面で「人が動く（行動する）」ために様々なメッセージの伝え方を試みてきましたが、村上先生の言うように、人は論理的なものよりも、感情的なことで動くのだなぁと、つくづく思うのです。

僕がずっと携わっている環境教育とは、僕たち人間が直面している様々な環境の課題に対して、教育の力（つまり意識改革）によって、解決の方向を探る働きかけのことです。環境の課題を解決するためには、他にも技術の力や法規制の力を使うという方法があります。どの方法も重要ですが、人々の意識が変わるということが全てのベースにあることは間違いないでしょう。

ところで、人が環境のために行動するきっかけについて、環境教育にかかわる私たちは実は大きな思い違いをしているのではないかと思うようになりました。

それは、「人は環境にかかわる様々な問題を知らないから行動しないんだ。だから環境の問題を知ってもらったら行動するはずだ。だから環境問題を知ってもらうための教育の機会を設ければ解決に向かうはずだ」という思い違いです。

30年近く環境教育にかかわってきて、「知った」だけでは人はなかなか行動しない、ということがわかってきたのです。

第2章

04

「知ったから、正しいから行動するのではない」と気づいた！ その2

人があることについて、知らない（わからない）状態から、そのあることに対して、行動するまでを少し細かく分解して考えてみましょう。だいたい次のようなプロセスを踏むのではないでしょうか。

知らない（わからない）→ 教えられる → 知る（わかる）→ できる
→ やる（行動する）というプロセスです。

ここでちょっとこのプロセスにツッコミを入れてみましょう。
「教えたからって、わかってもらえるとは限らない」。「仮にわかってもらえたとしても、できるようになるとは限らない」。そして、「仮にできるようになったとしても、やる（行動する）とは限らない」というものです。

いかがでしょう？

わかるようになるには様々な工夫と努力が必要ですし、**できる**ようになるには多くの練習や、もっと簡単に取り組むことができる技術開発なども必要になってきます。そして**やる（行動する）**ためには、経済的要因や、自分も行動しないと恥ずかしいなどという社会的規範からのプレッシャーも必要になってきます。アタマでわかるだけでなく、また技術をもっているだけでなく、気持ちの動きやそのために技術を磨いたりお金をつかったりしようという動機（モチベーション）のようなものが必要なのです。

ある時、行動科学の研究者の方から「その先にどんなプラスの状況があるのかを示すべきだ。その先に豊かさや、気持ちよさや、嬉しさや、納得できる未来があれば、人は行動する」と言われ、これには「なるほど」と思いました。

環境教育は基本的に現在から未来に向けたネガティブな情報を伝えて、「こうならないために、いま、こうしよう」というメッセージが多いようです。「あの素晴らしい未来の社会の実現に向けて、いま、こうしよう」という、ポジティブなメッセージはなかなか聞こえて来ません。

企業や様々な組織のなかでも、もしかすると同じようなことがあるのかもしれません。「このままの仕事を続けていては競争に勝ち抜いていけない。だから大胆な改革が必要だ」というような……。しかし、「喜び」や**「納得できる未来」を思い描いてこそ、人は動き出せる**のではないでしょうか。

ネガティブなところからスタートするのではなく、どんな未来を描くのかについて、もっとクリエイティブで建設的な作業をしていかねばならないと思うのです。

ポジティブな
未来

第２章

05

たくさん教えて満足するのは、伝える側だけ

実社会でのプレゼンテーションの場面は、多くの場合、伝えたい内容と使える時間とのバランスが悪く、つまり**「時間が足りない、伝えきれない」**状況にあると思われていることが多いのではないでしょうか？　では「十分な時間を用意すれば、ちゃんと伝わるんですね？」と問われたらどうでしょうか？　本当に時間さえあれば伝わるのでしょうか？

僕は様々な場面で様々な講演、講義、報告、プレゼンテーションを聞いてきましたが、ほぼ全ての場面で、話し手は**「たくさん伝えたくてしかたがない病」にかかっているな**ぁと思ったのです。

しかし、今まで聞いた講演の中では、俳優の菅原文太さんは例外の１人でした。

僕がお聞きしたのは、菅原さんがご自身で実践されている農業の話をテーマにした20分ほどの短い講演です。

その話し方は非常にゆっくりで、**ひとつひとつの言葉を大事に**丁寧に話されていました。パワーポイントも何も使わずに、ただ聞き手を見つめて話す声だけのお話でした。そして充分過ぎるほどの「間」。僕は引き込まれて聞き入っていました。

僕はいつでもプレゼンテーションの内容よりもその方法について関心を持って聞いていることもあって、非常に印象深い講演でした。「私は研究者ではありません。役者ですから、ひとつひとつの言葉を大事にするのです」と言われているような気がしました。

パワーポイントなどのプレゼンテーションソフトが普及するようになって、ますます「たくさん伝えたい病」が蔓延しているように感じます。この本でこれから紹介する**ＫＰ法はあえて伝える情報量を少なく制限して**います。ＫＰ法は、どうがんばったって情報量ではパワーポイントにかないません。

パワーポイントであれば、キーボードやマウスをワンクリックするその一瞬で、数百文字の情報を画面に映しだすことができますが、ＫＰ法は一生懸命ホワイトボード一面に紙を10数枚貼っても、３、４分かけてせいぜい２００~３００文字くらいです。

膨大な量の情報を見せれば、それでいいのでしょうか。

本当に伝えたいこと、理解してほしいこと、そしてその先の行動に期待してあなたが言いたいことって、実はシンプルなことだったりしませんか？ いや、逆に言えばシンプルなものにしないと、実はどんな方法を取ったところで伝わらないのではないでしょうか。

「たくさん伝えて満足するのは伝える側だけ！」、この言葉は、この本の他のページでもお伝えしていますが、皆さんもできるだけ早く「たくさん伝えたい病」から脱していただくように期待いたします。

column

バードウォッチングの失敗談

皆さんが、たぶん好きな僕の失敗談です。

1980年代初めのころ、僕は自分が勤めていた（財）キープ協会の宿泊施設のお客さん対象に朝食前に1時間程のバードウォッチングのガイドをやっていました。望遠鏡を使って鳥たちを紹介しながら、同時に山や花や木を観察するというものです。参加者は僕の後を歩きながらついてくるのですが、スタートしてしばらくたつと15人ほどの参加者の列の順番がだんだん決まってきます。

僕のすぐ後ろには双眼鏡持参のバードウォッチング経験者、そして後ろに行くほど鳥の名前を知らないようになる。つまり鳥の名前を知っている順に自動整列してしまうのです。列の最後尾の参加者は僕の説明もよく聞こえないし、僕が三脚付きの望遠鏡に入れた鳥を見に行っても、順番が最後なのでその頃には鳥はもう飛んでいってしまってまったく見えないということが続きます。

僕とバードウォッチング経験者たちとの会話は、最後尾の参加者にとって知らない言葉ばかり。出てくる鳥も、知らない名前ばかり。最後尾の参加者は疎外感と劣等感で、途中で帰りたくなるのだけれども、道がわからないのでしかたなくついていくことになります。そうしてようやく出発地点に戻り、その最後尾の人はやっと解放される嬉しさからニコニコ顔で、僕に向かって「大変勉強になりました」と挨拶をして帰って行きます。

「な〜んだ、つまらなそうな顔をしていたけど、勉強になったって。良かった、良かった」と安心する僕がいるのですが、でもそれは僕には聞こえなかった大切な言葉を聞き逃していたのです。

それからしばらくして、僕のバードウォッチングに高校時代の友人が参加したのですが、彼はまさに最後尾の参加者タイプの人でした。彼は「もう二度と来たくない気持ちになったよ」と疎外感や劣等感を感じた最後尾の参加者の気持ちを率直に僕に伝えてくれました。

僕は知っている限りの情報（この場合は、鳥や花や木の名前などの情報）をお客さんに伝えることがお客さんが喜ぶ最良のサービスだと信じて疑いませんでした。でも、お客さんは必ずしも僕のたくさんの情報提供を喜んではいなかったのです。それどころか「もう、二度とこんなところには来るものか」と固い決意をさせて帰してしまった人もいたのです。

このことは僕のなかにいまでもトラウマとなって残っています。

さて、バードウォッチングが終わった直後に先ほど「大変勉強になりました」と挨拶して帰った人に仮想インタビューをしてみましょう!?

「どうでしたか、初めてのバードウォッチングは？」

「いやあ、なんだか知らない鳥ばかりで、たくさん鳥の名前を聞いたけど全部忘れちゃいましたよ」

「じゃあ川嶋さんの話は、何も覚えていないということですね？」

「あ、いや、ひとつだけわかったことがありますよ」

「お、それは何ですか？」

「川嶋さんは物知りだってこと…」。


結局伝わったことは、僕が鳥や山や花の名前をよく知っている人ということだけ。逆に言えば「僕の博識を伝えること」が目的だったらこのバードウォッチングは大成功だったと言えます。もちろんそんなつもりはまったくありませんでしたが、成果から逆算すれば目的はそれだった、ということになります。

僕の30数年前の輝かしい（?）失敗談でした。

ペラペラ
ペラペラ
ペラペラ
ペラペラ
ミエナイネー
後日…
もう2度と行くもんか!! って思ったよ
ガーン

06 コミュニケーションはキャッチボール

これは、アチコチで言われている言葉ですね。要点は以下の2点です。

・相手が誰か、どんな状態なのかを知って、ボールや投げ方を変える
・自分がいつも投げているボールや投げ方を心得ている

ボールは言葉の、投げ方は伝える方法の比喩です。

相手が3歳の女の子だったらフワフワのスポンジボールを使うでしょう? 相手がお婆ちゃんだったら、下手投げでそうっと投げるでしょう? 相手がプロ野球のキャッチャーだったら、力の限りおもいっきり投げるでしょう?

相手が誰かによって、ボールの種類や投げ方を変えますよね。

それからもう1つ大切なことは、自分がいつもどんなボールを使って、どんな投げ方をしているのかを知っておくことです。

自分では普通に投げているつもりでも、それが鉛のボールで、ものすごいスピードだったら相手は大怪我をしてしまいますし、逃げ出してしまうかもしれません。逆に一生懸命投げているつもりでも、そもそも非力で相手の足元にさえ届いていないかもしれません。

つまり、**「相手を知る（相手理解）&自分を知る（自分理解）」**ということです。相手を理解しようと努力するのと同時に、自分自身を理解するように意識を向けてみましょう。そして大事なことは、ただ知るだけではなく知った上でどう対応するか考え、最適な方法を見つけようとすることです。

コミュニケーションはキャッチボールと言われることには、もうひとつ別の側面もあります。キャッチボールとは投げて、受けて、投げ返して、受けて、また投げ返すの繰り返しです。投げっ放しではキャッチボールではありません。何度も何度もやりとりがあります。やりとりを続けていくうちに、だんだん強いボールを遠くまで投げられるようになりますし、やり取りを続けていくためにはどんな方向、どのくらいの強さで投げれば良いかという配慮もするようになってきます。遠くに離れてお互いが気持ちの良いボールを投げて&受けてを続けられる状態になると、本当に気持ちの良いものです。キャッチボールをやったことのある人なら、この感覚は理解していただけると思います。

投げたボールが受け止められて、聞いた側からまたボールが投げ返されてくる。そして、そのボールを受け止めた僕は、また新たな思いを込めたボールを投げる。

コミュニケーションもそうありたい！　という願いもこの言葉にはあるのです。

column

コミュニケーションはドッジボール？

「コミュニケーションはキャッチボール」の話を、以前、ある中央官庁の方にしたことがあります。その方は、国家間で取り交わされる様々な決まりごとが、日本の不利にならないかをチェックするようなお仕事をされていました。

僕の話を聞いた後にその方は笑いながら「そうですか、川嶋さんたちは『コミュニケーションはキャッチボール』なんですね〜。いやあそうか〜、私たちのところでは、実はね『コミュニケーションはドッジボール』なんですよ」。キョトンとしている僕を見ながら彼は続けます。

「ドッジボール、つまり、いかに相手のボールに当たらないか、いかに相手にボールを当てるかですよ」「……」。

もちろん彼はコミュニケーションスキルが高く、ユーモアのある人で、僕が描いている「良いコミュニケーション」によって、お互いに創造的なものを獲得しましょうという場面と、霞ヶ関の様々な緊張した場面を比較してのジョークだったのです。でも、なかなか優れたジョークだと思いませんか？

私たちの普段のコミュニケーションの場面でも、結構、ドッジボールコミュニケーションの場面があるのではないでしょうか？いかに相手の議論に屈しないか、いかにして相手を言い負かすか。そうしたコミュニケーションのあり方を否定したところで、現実にそういった場面があるのですからしかたありません。

でも、創造的な場面、皆で知恵を出し合って何か良い出口を探そうという場面でも、何とか自分の意見を通そうといつもの癖でドッジボールをしていませんか？

ポーン
ブン
おわっ

第2章

07

一方向→双方向→全方向のコミュニケーション

2011年から林野庁の研修でプロセス・マネージャーと呼ばれる進行役を担当しています。各地から参加者が集まる30人規模の研修です。その研修では、主催者の方からそれまでの「一方向」の講義中心の研修ではなく、講師と参加者が質疑応答を繰り返しながら活発なコミュニケーションをとることで学びを確実にしていく、「双方向」の研修を目指してほしいと言われていました。

前半後半2回に分けて、全部で10日間もかかる長期の研修なのですが、実際に森林に出かけての実習や、机上でも様々な課題にグループで取り組む時間もあり、そもそも「双方向」だけでも足りなさそうでした。

僕はその研修の始まりの時間に「一方向より双方向、さらに双方向より全方向で行きましょう」と受講生の皆さんにメッセージをお伝えしました。

研修会場のレイアウトは初日から机でいくつかの「島」を５～６人で作るアイランド形式です。最初の２日間は講義中心なので、教室形式で良いのではないか？　と研修担当者からは言われましたが、僕は最初からアイランド形式を提案しました。約30～60分の講義を聞くたびに、各班ごとにペチャクチャタイム（104ページを見てください）の時間を数分間持ってもらうためです。

ペチャクチャタイムでは、講師に代わって受講生同士が「○○の意味は○○ということだよ」「うちの県ではこんな感じでできてるよ」などと教えあう場面もたくさんあります。この時が「全方向」の

コミュニケーションの瞬間です。つまり、講義直後の意見交換や、研修全体の約半分を占める実習の時間は、まさにその全てが「全方向」の学びの場面なのです。「話す・聞く」（一方向）で理解できること、「質問する・答える」（双方向）で理解できること。そして、「教えあう・質問しあう・考える・議論する」（全方向）で理解できること、それぞれ重なり合いながら、学びを深めていけるのです。

全方向から学ぶということは、いわゆる参加型の学びの場（あるいは、ワークショップの場）では当たり前のことです。

ここ数年、企業の研修などに多くかかわるようになって驚いたのは、企業の講演・研修会・シンポジウムなどでは、未だに一方向、一部双方向のやり方がまだまだ多かったことです。

イノベーションや効率化を率先していると思っていた企業の方たちが、こと学ぶ、あるいはコミュニケーションをはかるという場面ではあまりに旧態依然とした手法を使い続けていることに本当に驚いたのです。

僕のかかわっている環境教育の学びの場（特に民間の学びの場）では、もう20年以上も前から参加型が当たり前になってきているのに……。

今回、ビジネスとは遠い世界で働いてきた僕がこの本を書こうと思ったのは、企業をはじめ様々な組織にかかわる方に、ぜひ参加体験型の学びの場に接してもらいたかったということも動機のひとつだったのです。

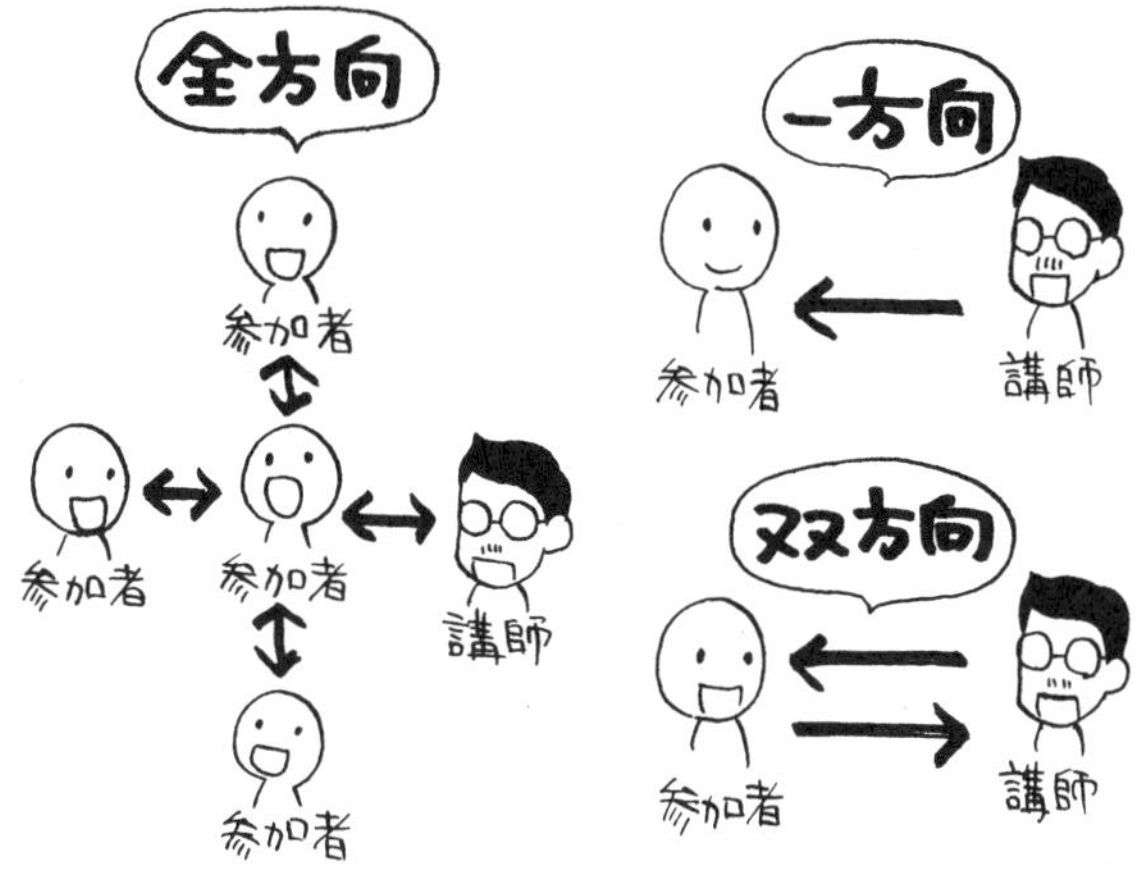

第2章

08 僕が「一方的に伝える」ときに意識している10のポイント

話し手はそれぞれの「伝える工夫」を持っています。そうした工夫を集計分類すれば「伝える工夫のA to Z」をまとめることができるでしょう。ここでは普遍的な伝える工夫ではなく「僕はこうしている」ということをご紹介します。

あなたの場面で有効な工夫がこの10のポイントとダブることもあるでしょうし、ダブらないこともあるでしょう。ぜひあなたの場面での工夫を加えてください。

①聞き手に関わりのあることから話す

お天気の話、時事ネタ、地域の話などから入るのは常道でしょう。また聞き手と自分との関係、たとえば話をじっくり聞いてほしいのか、それとも少し話を聞いてもらったあとに、グループでも話し合いをしてほしいのか、などを整理して、開始の段階で伝えておくと参加者に安心感を与えます。

②言葉を「見える化」する

話し言葉は消えてしまいます。いま何について話しているかの「見える化」は極めて大事です。いま多用されているパワーポイントプレゼンテーションの本質は、もともとはこの「見える化」だと思います。

ＫＰ法も、もちろん言葉を「見える化」する方法のひとつです。

③ＫＩＳＳを心がける

有名な英語の語呂合わせで「プレゼンテーションはＫＩＳＳで行こう」というものがあります。ＫＩＳＳとは Keep It Short and Simple の頭文字をとったもので「プレゼンテーションはいつも短くシンプルにね！」という意味です。２つのＳは「短く&シンプル」以外に、Stupid（馬鹿みたいに）とか、sharp（鋭く）なども使われるようです。

④繰り返す

プレゼンテーションの最初と最後にもっとも伝えたいことを繰り返すことも良い方法です。「記憶できるような短いフレーズにして繰り返す」方法をよくとります。繰り返すことと同時に大切なのは、「記憶できるくらいの短いフレーズ」です。

⑤例を示す

「○○○は△△△である、例えば…」のように、具体的な例を示すことです。抽象的な話だけでは、記録に残すことはできても記憶には残りません。できるだけ参加者に関係のある例が出せると良いですね。

⑥自分の実体験を話す

参加者が自分が体験したことのように感じられる講師の実体験を話すことは大切です。参加者にとって話し手を身近に感じられる瞬間です。

⑦失敗談を話す

「自分の実体験を話す」のバリエーションですが、人は失敗談は好きです。「あの講師は偉そうなことを言ってるけど、結構失敗もしてるんだ」と思ってもらえると、参加者との心の距離をグッと縮める効果があります。失敗談でなくても、いま主張していることのマイナスの側面も伝えるという客観的な立ち位置が信頼を生みます。

⑧参加者に問う

講演中に何度か「なぜ、そうなったんでしょう?」「○○の原因ってわかりますか?」「大事なことが3つあります。何でしょう?」などと質問を投げかけます。質問を投げかけただけで、参加者からの答えを待たずに自分で答えてしまう場合もありますし、手をあげた人や目のあった人に答えていただいたりもします。これはただ答えが欲しいだけなのではありません。一瞬でも「考えてもらう」時間を作ることで、「聞くだけ」の受身の姿勢から、能動的姿勢に変わってもらいたいのです。

⑨3択問題などで参加させる

これも「参加者に問う」の変形バージョンです。ただ問うだけではなく、全員に回答してもらいます。使う技は「グーチョキパーアンケート」(98ページを見てください)です。

⑩プレゼンテーションはプレゼント

プレゼンテーションの語源はプレゼントだと言われています。お母さんの誕生日のプレゼント選び、さあ何を考えますか? 「お母さんは何を欲しがっていたかなぁ」「何をもらったら喜ぶかなぁ」と考えませんか? 相手(聞き手)のことをよ〜く考えてプレゼントを選び、そして届けませんか(そう、**伝えるよりは届けるという謙虚な感じ**が僕は好きです)。プレゼンテーションも同じことです。

そしてプレゼントにもうひとつ欠かせないのは**驚き!** です。さあ、聞き手に喜んでもらえるプレゼントの準備は万端でしょうか?

第3章

Kamishibai Presentation

ＫＰ法は
プレゼンテーション
を変える

第3章
01

KP法とは何か

さあ、それではここから先は、僕が普段、研修や講演で使っているKP法について、その考え方や具体的な手法を説明していきましょう。

まず最初に、KP法とは何かということについて、簡単に説明します。

KP法は、紙芝居プレゼンテーション法の略です。略というか、紙芝居のKとプレゼンテーションのPを組み合わせた呼び名です。このKP法とは次のようなものです。

・キーワードやイラストなどを書いた何枚かの紙（KPシート）をホワイトボードなどにマグネットを使って貼りながらプレゼンテーションを行う

・KPシート10〜15枚で1つのテーマを構成する。この一つひとつのまとまりを

「ＫＰセット」と言う。１セットは、およそ2分から5分程度で話し終える分量

・プレゼンテーションは、与えられた時間に応じてこの「ＫＰセット」を何セットか組み合わせて行う
・基本的にパソコンなどのデジタル機器は使用しない
・ＫＰシートの用紙や筆記具などは、すぐに手に入るものしか使用しない

また、その特長としては、

・パソコンやプロジェクター・スクリーンなどの用意が不要
・主に4、５人から30人程度の比較的少人数の場面で有効である（大人数の場合は別の工夫をする（１４４ページ参照））
・特別な技術がなくても、すぐに実行できる（でも実は奥が深い）

そして、

・使いこなせば、どんな場面でも応用できる非常に効果的なプレゼンテーションの方法

と言えます。

また、ＫＰ法は**聞き手に余計な負荷をかけない**プレゼンテーションの工夫です。話すことを文字化して見せるのであれば、パワーポイントプレゼンテーション（ＰＰＰ）でも同じです。しかし、何百文字も画面にあるパワーポイントの場合、いったい話し手がいま、どこを話しているのか？　情報量が多すぎる図やグラフではそこから何を読み取るのか？　講演者は何を言いたいのか？　聞き手はスクリーン上の文字や図表のジャングルを探しまわらなければなりません。

ＫＰ法はとてもシンプルです。手書きの少ない文字数のキーワードを、ただ壁面に貼っていくだけです。話していることの要点が貼ってあるだけなのです。聞き手にジャングルを探しまわる負荷も、少し前に話され今は画面に写っていない難しいキーワードを覚えていなければならないという負荷もかけません。

「物を書く大事なポイントは『読み手に余計な負荷をかけないこと』だ」とは、

『書くスキルＵＰ　すぐできる！伝わる文章の書き方』（日本能率協会マネジメントセンター、２０１３年）の著者赤羽博之さんの言葉ですが、これは話し手と聞き手の関係でも全く同じ事が言えると思えるのです。

KP法は大きく3分類されます

KP法はその使われる役割として大きく3つに分類されます。

①**プレゼンテーションの方法**としてのKP法
②**作業手順指示**としてのKP法（参加型のワークショップなどで）
③**グループ作業の成果発表手法**としてのKP法（参加型のワークショップなどで）

③は、意味としては①に近いものです。①は個人がプレゼンテーションをする場を想定しているのに対して、③は与えられた課題の成果をグループでまとめてプレゼンテーションする際に有効な手法です。どちらも「考え方を示す」という意味では同じことをしようとしています。②は、「手順を示す」という意味のKP

法です。

この本では、主に①のプレゼンテーション法としてのＫＰ法を取り上げていますが、時々、②や③についても触れているところがあります。

この章以降、ＫＰ法の様々な方法や考え方、技術をお伝えしていきますが、その前に言葉の整理をしておきましょう。

・ＫＰ法（紙芝居プレゼンテーション法）
この本でお伝えするプレゼンテーションと思考整理の方法の総称です。
・ＫＰセット
テーマにそって紙芝居シートを構成した１つのまとまり。セットと略します。
・ＫＰシート
ＫＰ法を構成する１枚１枚の紙のこと。シートと略します。
・ＫＰボード
ＫＰ法のシートを貼るためのホワイトボード、マグネットが付く黒板・部屋を区切るパーテーションなどを指します。

03 KP法はPDCAが入った思考整理法

いまさらですが、KP法（紙芝居プレゼンテーション法）というネーミングは、ちょっと正しくないネーミングだったかなと思うことがあります。KP法をやってみればすぐに気づくことなのですが、KPセットを作成している時間は、まさに思考を整理している時間にほかなりません。KP法は**プレゼンテーション法**であると同時に、**思考整理法**でもあるのです。

KPの紙10数枚で3〜4分のひとつのまとまった話をしようと思ったら、まずは頭の中を整理しなくてはなりません。

要するに何を伝えたいのか？　結論は何なのか？　あるいは、何を考えてほしいのか？　課題は何なのか？　こうしたことを整理してかつ伝わりやすいかたちに（例えば「大事なことはこの3点です」など）に**構造化する**ことが大切です。

もちろんそうした構造化ができていないとＫＰ法作成に取りかかれないかと言われれば、決してそうではありません。まずは頭の中にあること（キーワード）を思いつくまま書きだして並べるところから始めれば良いのです。でもそうして並べたものを眺めていると、次第に構造化したほうがよりわかりやすくなるという発想が浮かんできます。

紙を並べただけで浮かんでこなくても、聞き手の前でＫＰ法で話してみると、そこに書いていないキーワードを使って話しながら、そのプレゼンテーションをだんだん構造的にまとめている自分に気がついたりします。ＫＰ法をやりながら、自分の思考が整理されていくのですね。ちなみに、この瞬間がＫＰ法改善の重要なポイントです。忘れないうちにキーワードを書き直すなり、新たなＫＰシートを追加するなり、既存のＫＰセットの組み直しをしましょう。

ＫＰセットを作っている段階でも、頭の中の整理は始まっていますし、人前で

KP法をすることによってもさらなるアイデアが浮かび、より良い思考整理ができたりします。

これは、まさに**PDCAサイクル**そのものです。

KPセットを作っている時の**PDCA**は、

P＝まずは言いたいこと、伝えたいことを考えます。

D＝それを書きやすいものからKPシートにしていきます。

C＝書いたものを並べて構造化してみます。

A＝その時点で気づいた改善をしてみます。

また、人前でKP法を使ったプレゼンテーションをしている段階では、

P＝前記「KPセットを作る段階の全て」。

D＝人前でKP法を実施してみます。

C＝プレゼンテーションを聞いた人からのフィードバックをもらう（頷いたり、首を傾げたり、笑ったり、居眠りをしたり、そんな表情の変化だけでも充分なフィードバックです）、あるいは自分自身で自分のプレゼンテーションを自己評価します。

A＝そして、そのKPセットの改善点を明らかにしKPセットを作り直し、次のPに向かいます。

PDCAサイクルを回すとよく言われますが、具体的にどうしたらいいのかわからない方もいると思います。が、KP法は自分ひとりでPDCAを回す練習ができる方法なのです。

第3章

04

KP法のプレゼンテーションは、対話のきっかけを手渡すこと

1～2時間の講演などを30分とか45分位に区切って、聞き手がまわりの人と感想などを話し合う時間を設けることは、とても有効な方法です。僕は意識的に、その時間を作っていて、その時間を「ペチャクチャタイム」と呼んでいます。「ペチャクチャタイム」の詳しい中身は104ページを読んでください。要は僕の話したことについて、小さなグループでペチャクチャと話をしてもらうわけです。

これまでに何度もやってきましたが、ひとつ気づいたことがあります。

プレゼンテーションの情報量と「ペチャクチャタイム」で最初に誰かが話し始めるまでの時間は正比例するということです。情報量が多いとグループの中で誰かが話し出すまでに随分時間が必要です。情報量が少ない方が、「ペチャクチャタイム」に入る時間がずっと短いのです。パワーポイントでびっしりと情報やデー

タを説明すると、なかなかみんなしゃべり出さないのですね。

ＫＰ法は、圧倒する情報の量で聞き手を打ち負かすようなプレゼンテーションの方法（ドッジボール・コミュニケーション、49ページ参照）ではなく、聞き手に考える、対話するきっかけを手渡しているのだと思います。もともとプレゼンテーションは発信者の持っているものを一方的に伝えるだけでなく、それを受け取った聞き手が、自分ならどうしよう、どう行動しようと考えるきっかけを与えることが重要です。説得するような場面でも言い負かすのではなく、自分で考えて納得してもらわなければ、次のステップには進めません。

ＫＰ法はもともと情報量が少ないので、これがスムーズにできるのです。そして、これは、僕のコミュニケーションの基本姿勢なのです。

05 グループワークの成果発表方法としても最適

66ページで書いたKP法の3分類のうちの③の型（グループ作業の成果発表手法としてのKP法）についても少しお話ししておきます。

数人のグループで数十分間意見を交換し、議論した成果を全体に発表するという場面は、学校でもビジネスの場でも多くあるでしょう。そうした場合、一般的にどのような方法をとるでしょうか？

①**口頭**で代表者が発表する（特に掲示する成果物は用意しない）

②**模造紙**に要点をまとめて、発表する

③**KJ法**（KP法ではありませんよ！　KJ法については82ページを参照）などを使って意見を分類整理し、それを貼った模造紙を掲示しながら発表する

ざっとこんな感じでしょうか？
もちろん、パワーポイントで各グループの成果をまとめて発表するという方法も最近では一般化されていると思いますが、各グループにパソコンを用意することや、まとめる時間の制約などから、社内などでのミーティング以外ではなかなか難しいのではないでしょうか。

以上の方法と比較しても、ＫＰ法は非常に使いやすい方法です。その理由をこれから書いてみます。

①は成果物の準備が不要で最も発表までのハードルが低い方法ですが、成果物が掲示されていないため、全てのグループ発表を受けて、全体を総括したり、話し合ったりするときに指し示す対象がないという問題点があります。

②は、成果物を作るのに結構な時間と労力（さらにはデザイン力）が必要です。グループの中に誰か１人、議論をまとめ、それをデザインするセンスを持ってい

る人がいた場合、作業はスムーズに進みますが、その人1人の力に頼ることになり、グループのメンバーが力を会わせた成果物になりにくいという問題もあります。また成果物のデザインの力に目が行きがちで、肝心の内容よりも模造紙の空間構成力ばかりが目につく結果にもなりかねません。

③もよく使われるケースです。KJ法は議論に全員参加させるためにはとても良い方法ですが、KJ法のカードに書いた文字は発表（掲示）するときには、ほとんど読めない（見えない）という事態になります。KJ法を使いながらカテゴリーのタイトルを大きく書き、全体の関係を配置・図示することができれば良いのですが、これは②と同様にデザイン力が求められます。

KP法はこれらに対して、次の点で優れています。

例えば45分のグループワークの場合、「42分間議論をして、最後の3分で数枚のKPシートにキーワードを書き成果物を作る」というようなことが可能（つまり、成果物制作に時間がかからない）です。発表も要点がキーワード化されているので聞き手に伝わりやすい。さらには下の写真のように各班の発表を全て掲示すればそれぞれを比較して全体のレビューをするときに、各班の要点と要点の比較が容易にできます。

このあたりは、僕が様々なグループワークとその発表の場面を、進行して（たまには参加して）実感してきたことです。ぜひ、ＫＰ法をプレゼンテーションの道具としてだけではなく、**グループでの議論・対話の成果を発表する道具**（これもプレゼンテーションではありますが）としても試していただければと思います。

第3章

06

KP法の効果 話し手にとって、聞き手にとって

他の項でも書いていますが、KP法を使うようになって感じた、僕にとって、そして聞き手にとってのKP法の効果をまとめてみました。

話し手にとっての効果

・プレゼンテーション時にあがらなくなります（KP法は脚本のようなもの）

KPセットを用意することで「準備万端」の気分になれます。仮に目の前に怖いおじさんが座っていても、もう「あがる」心配はいりません。KP法は例えれば脚本のようなものです。貼っていくKPシートの通りに話しさえすれば、それで良いのです。もし余裕があればアドリブを入れれば良いのです。もう一度言います。「あがる」心配はいりません。

・自分の頭を整理できます

ＫＰセットを作成するプロセスで自分のプレゼンテーションを客観的に見ることができます。構造的に組み立てられているか？　無理な論理展開がないか？　不確かなことは何か？　それは自分の思いなのか、それとも事実なのか？

ＫＰ法はパワーポイントと比較して、①情報量が少なくシンプル、②話す内容と貼るシートの言葉がシンクロ、③シンプルなレイアウトにより構造化が明確、という特徴があるので、前記の「？」がよりはっきりわかります。

・話に無駄がなくなり、短くなります

十分に練られたＫＰによる整理には無駄がありません。もちろん、その場の判断で「付け足したい」ことがあったらシートの用意がなくても、言葉で足せば良いのですが、基本的には**絞り込んだ内容を、最小の研ぎ澄ました言葉で伝えるこ**とがＫＰ法の真髄です。無駄話をしても大丈夫、何がコアな話なのか？　ちゃんとボードに整理してありますから……。

・聞き手の反応を見ているだけで、次に改善したくなる部分が見えて来ます

「うける・うけない」「頷く・首を傾げる」「ニコニコ聞く・寝てしまう」。聞き手の反応がKＰのシート毎に、セット毎にわかりやすいのも特徴です。聞き手の反応だけでなく、話し手の側としても自分の書いたシートの言葉に違和感を感じたり、もっと適切なキーワードを思いついたりしたときは、シートをボードから外すときに、角をちょっと折っておくだけで次の書き直し（そのための思い出し）が簡単にできます。

聞き手にとっての効果

・集中して聞けます

僕の経験上、パワーポイントプレゼンテーションと比べて明らかに聞き手は集中して聞いてくれます。プレゼンテーション手法としての物珍しさもあると思いますが、このアナログなコミュニケーション手法は、よりライブな力があるようです。そして、パワーポイントプレゼンテーションの最大のマイナス点である「すぐ寝る」問題がほとんど起きません。話し手が次々とシートを貼り

まくる動きが聞き手を寝させないようです。僕の場合は特に、様々な派手なアクション（ジェスチャー）があるので、とても寝ていられない状態になります。

・話の軌跡が見えます

パワーポイントでも、アニメーション機能を使って、話している言葉と見せる言葉をシンクロすることができますが、意外にこの機能を使っている人が少ないことに驚きます。「軌跡が見える」というおほめの言葉はＫＰ法をやっていてよくいただく言葉です。パワーポイントでもできるのに……、不思議です。

・1話毎の区切りがまるで呼吸のようです

ＫＰ1セットの長さは僕の場合3分〜5分位です。聞き手はその間だけ集中して、僕がＫＰシートを外している10〜20秒の間はリラックスできます。まるで呼吸のように、吸っては吐き、吐いては吸います。話し手が休みなく一方的に情報提供するようなプレゼンテーションは、聞き手にとってはまるで息をずっと吸い続けているような感じです。やっぱり吸ったら吐かないと……。

第3章

07 KP法は21世紀になって始まった！

KP法というネーミングは2006～7年頃から僕が使い始めました。KPは「紙芝居プレゼンテーション（Kamishibai Presentation）」のイニシャルからとったものですが、『ワークショップ』（岩波新書、2001年）の著者で知られる友人の中野民夫さん（同志社大学教授）は「紙ポイント（略して紙ポ）」とも言っています。KP法は僕の専売特許というわけではないので、いろいろな解釈があっていいのですが、こちらは、よりパワーポイントを意識したネーミングですね。

KP法のネーミングには2つの背景があります。2つの意味を含んでいると言ってもいいかもしれません。ひとつはすでに話題にしている**「パワーポイントプレゼンテーション法」**、もうひとつは**「KJ法」**です。

部屋を暗くして（最近はプロジェクターの性能が良くなり、明るいままの部屋での投影も可能になりましたが）、きれいな画面が展開する「パワーポイントプレゼンテーション法」に対して、明るい部屋で手書きの紙をペタペタ貼っていく「紙芝居プレゼンテーション法」。デジタルと対極にあるアナログなプレゼンテーション法と位置づけました。パワーポイントプレゼンテーション＝ＰＰ法、紙芝居プレゼンテーション＝ＫＰ法です。

もちろん「打倒！パワーポイント」と思っている訳ではありません。ＫＰ法はパワーポイントプレゼンテーションにかなわないことがたくさんありますから。

もうひとつのネーミングの背景としてＫＪ法があります。50歳代以上の方へはＫＪ法はある程度浸透していますが、いまの若い方たちの中にはＫＪ法を聞いたことがないという方も結構いるようです。

ＫＪ法は文化人類学者の川喜田二郎さんが１９６０年代に発明した、多くのデータを整理し、そこから意味を見出すための思考整理法です。その方法は、１つのことを１枚の小さなカードに書き出す。それを分類カテゴリー化していくことによって、全体を俯瞰し、さらにそこから意味を見出すという方法です。１967年に発刊された『発想法―創造性開発のために』（中公新書）でＫＪ法を学ぶことができます。現在でも有力な思考整理法のひとつです。

ＫＪのネーミングもとてもユニークです。川喜田二郎さんのイニシャル（ＫＪ）から来たと知った時には僕は腰を抜かしそうになりました。

ＫＰ法という名前をつけるとき、このＫＪ法と似たネーミングということは意識しました。それだけでなく、どちらも「思考整理法」であるというところを、少しだけわかってもらいたいという気持ちもありました。幸い、最近はそんな風に受け取ってくれる方も増えています。

ただGoogleで「ＫＰ法」と検索すると、「ＫＪ法では？」と指摘されることが多かったのは、「ありゃっ」でした。それも最近では、検索する人がだいぶ増えたためか、もう出なくなりましたが。

column

ＫＰ法は私の発明ではありません

ＫＰ法（紙芝居プレゼンテーション法）は、僕が何もないところから発明したものではありません。僕は１９９０年代の初めごろにこの方法に出会いました。

当時の僕たちは「環境教育」「野外教育」「自然体験活動」の指導者育成の研修を全国各地でやっていました。そこでは、主にワークショップの流れを紙に書いてホワイトボードなどにペタペタ貼りながら説明していました。グループ作業の手順の説明や確認を、口頭で説明するだけでなく、大きな字でキーワードを書いたＡ４大のコピー用紙を貼りながらやっていたわけです。

この方法は関西に住むフリーランスの環境教育指導者の川島憲志さんはすでに様々な機会で実施していましたし、１９９０年代後半に出会った、人と組織と地球のための国際研究所の川北秀人さんも使っていました。印象的だったのは、川島憲志さんがB５の紙を使い、川北秀人さんがA３の紙を使っていたことです。

こんな風に「ワークショップの手順の説明」として使っていたKP法（とはまだ呼んでいませんでしたが）は、その後、だんだん「考え方の整理を示す」道具として使われるようになってきました。つまり、紙芝居のシートの１枚目「○○とは」から始まって、「それはこの３つの要素に分解できると思います」のように、○○の意味を整理して（構成的に）説明する時の道具に進化していったわけです。

当時は、ただ「紙芝居」と呼んだりしていました。ただ「紙芝居」も手順を明示するという役割から、意味や考え方を伝える役割にだんだん進化するにつれて、プレゼンテーションの道具としても意識されるようになって来ました。そして、次第に自分の講義の持ち時間のなかで使う人が増えていったのです。
そのもっとも熱心な使い手の一人が、僕だったわけです。

プレゼンテーションの道具といえば、何と言ってもマイクロソフト社の「パワーポイント」が圧倒的に有名ですね。「パワーポイント」という言葉が、「プレゼンテーション」の意味で使われることもしばしばあります。

ＫＰ法は次第にパワーポイントを使ったプレゼンテーションと対比して見られるようになって来ましたし、使っている僕たちもそれを意識するようになりました。同時に僕もパワーポイントを使ったプレゼンテーションと紙芝居プレゼンテーション（ＫＰ法）とを意図的に使い分けるようになって来たのです。

第4章

Kamishibai Presentation

ＫＰ法をやってみよう

第4章

01

KP法の準備

ここまで僕の考えるコミュニケーションの方法とKP法の特徴についてお伝えしてきました。ここからは、実際にKP法をやる上で必要なことを書いていきたいと思います。

KP法は、実践のなかでいろいろな工夫をしながら育ってきたものです。これだけは知っておいて欲しいなというところだけはきちんとお伝えし、学んで欲しいと思いますが、実際の場面では皆さんがそれぞれにいろいろな工夫をしていただけたらと思います。

難しいことは後回しにして、まずKP法をやってみようと思ったときに、これだけはあったほうがよいというものを紹介します。もちろん絶対これがなければできないというわけではありませんし、代わりになるものを見つけてもいいと思います。

紙とマーカーとマグネット、そしてマグネットが付く壁面。これさえあればＫＰ法はできます。以下にそれぞれの道具について簡単に説明していきましょう。

・紙（ＫＰシート）

ＫＰ法をやる時に必要な紙です。単に「紙芝居」とかそのまま「紙」とか呼ぶこともありますが、ここではＫＰシート（略して、シート）と呼ぶことにします。ある会社はこのシートのことを「板」と呼んでいます。

10人くらいまでの聞き手ならば、Ａ５サイズかＢ５サイズの紙でも十分です。コピー用紙がいちばん手に入りやすいと思います。ミスコピーした裏紙でＯＫです。

・マーカー（筆記具）

水性のマーカーで太字のものがいいでしょう。細字だとボードに貼ったときに遠くからよく見えません。色も何色でもいいですが、黒よりも青や紫のほうが読みやすいものです。ちなみに僕はuniPROCKEY（プロッキー）という水性のマーカーを使っています。

・マグネット

ＫＰシートをホワイトボードに貼るときに使うマグネットです。会社でも学校でも丸い小さなマグネットがあると思いますが、それでも大丈夫です。ただ薄くて細いシート状のマグネットのほうが使いやすいので、僕は市販のマグネットシートを切り分けて使っています。

丸いほうがいいか、シート状のものがいいかはどちらも一長一短があるので、最初は自分が使いやすいほうを使えばよいでしょう。

ただし小さな丸いマグネットだと1枚のＫＰシートを貼るのに2コ必要になります。丸マグネット1個でも大丈夫ですが、（紙の硬さにもよりますが）紙の上の左右の角がたるんで見にくくなったりします。

・プレゼンテーションボード（ＫＰボード）

ＫＰシートを貼るためのボードです。普通はマグネットが付くホワイトボードを使います。ホワイトボードのサイズは、１８０センチ×90センチくらいの標準的なものが使いやすいです。部屋を仕切るパーテーションやロッカーなどもマグネットが付けば使うことができます。またホワイトボードがなくてもいくらでも工夫ができます（１５８ページ参照）。

以上がＫＰ法を実際にやる前に用意して欲しいものです。詳しくは第5章14「必須アイテム、便利な道具」（１５０ページ）をご覧ください。

02 KP法を行うときの人数と環境

ここでは、KP法を実際に行うときの具体的な手法、コツについて書いていきます。

KP法実施時の人数

A4の紙に10文字×3行程度書ける文字の大きさで構成されるKPシートの場合は、ホワイトボードから7〜8メートル以内がシートの文字を読める範囲だと思います。これはだいたい小中学校の教室の広さ（7メートル×9メートル程度）ですね。この広さに入ることができる人数がKP法の最大人数の目安ということになります。

ただKPシートの用紙サイズをA4ではなく、B4あるいはA3サイズなどにして、マーカーも極太で大きな字を書きさえすれば、物理的にはさらに大きな部屋で大人数にも対応できます（Ａ４のサイズのままでも１シートに書く文字数を少なくして太く大きな字を書きさえすれば、多少遠くからでも認識できます。要するに紙のサイズより文字の大きさの問題です）。

僕も、数百人規模のプレゼンテーションの場合にはさすがにＫＰ法はあきらめて、パワーポイントプレゼンテーションをＫＰ法のようなアニメーションを使って実施したりしています。

また下の写真のようにホワイトボードをビデオカメラで撮影してモニターに映

したこともあります。

またOHC（オーバーヘッドカメラ・書画カメラ）を使ったカード型KPも144ページで紹介しましたので参考にしてください。

KP法を行うときのテーブルの並べ方、場の作り方

KP法のプレゼンテーションを聞くだけでしたら、教室型でもテーブルのないシアター型でも良いと思います。ただ、プレゼンテーションの後に、小グループで「ペチャクチャタイム」（104ページ参照）を行うのでしたら、最初からアイランド（島）型（52ページ参照）にしておいた方が良いでしょう。

ただ、そうした会場レイアウトにあまり経験のない参加者が多い場でしたら、そのレイアウトの意味（理由）を最初に簡単にお話しして、プレゼンテーションを始める前にグループで簡単な自己紹介をするなどの、その場になじむための少しの工夫が必要でしょう。

KP法でプレゼンテーションするときのプレゼンターの心得

これは聞き手次第です。聞き手がＫＰ法や参加型の学びの場面に接したことがある人たちでしたら、特別な工夫は不要でしょう。しかし、そうした機会がこれまであまりない方たちを対象にプレゼンテーションするのであれば、**「場を暖める」**何らかの工夫があったほうが良いでしょう。

言うまでもありませんが、ＫＰ法は立ってプレゼンします（そもそも座ってプレゼンテーションというのが僕は信じられないのですが…）。ＫＰシートを貼ったりはがしたり、少なくともホワイトボードの幅は動きまわります。僕のＫＰ法を観察したある教育者は、僕が**「間」と「間合い」**をうまく使っていると指摘してくれました。「間」は言うまでもなく時間の使い方です。ほんの数秒の間でも重要です。一方「間合い」は空間の使い方。僕はＫＰシートを貼ったあと、ズンズンと聞き手のそばに歩み寄り、その人に向けて語りかけるのだそうです。全く無意識の行動ですが、「聞き手にドンドン近づきたい」という気持ちは確かに持っています。その気持ちが行動に出てしまうようです。

その他**「表情、身体の動き（ジェスチャー）、話し言葉の緩急」**などの工夫をして、聞き手の心をつかむのです。そして、最終兵器は**笑い**ですね。

第4章

03

グーチョキパーアンケート

「グーチョキパーアンケート」というと、何の事だかわからないかもしれませんが、誰でも知っているジャンケンのグー・チョキ・パーを使ったアンケートです。僕は講演の途中などで、聞き手の考えや、意見、状態を聞き出したい時に3つの選択肢を示して、「グーチョキパーアンケート」をよく使います。

一般的に聞き手に3択で問うような場合には、「1だと思う人、手をあげてください、次に2だと思う人は……、最後に3だと思う人は……」と聞きますが、「グーチョキパーアンケート」の場合は「1だと思う人はグー、2だと思う人はチョキ、3だと思う人はパーをあげてください。いいですか～、皆さん、何を出すのか心に決めましたか～、ではジャンケンポン！（あるいは、せ～のドン！）」と一斉に手をあげてもらいます。

　もうおわかりだと思います。前者の場合と比較して後者の場合のほうがより正確なアンケート結果を得ることができます。

「1だと思う人、手をあげてください、2だと思う人は……、3だと思う人は……」と順番に聞いた場合、周りの様子をキョロキョロ見ながら手を少し遅れて出す人が必ずいます。また、結局手をあげない人もいます。

「グーチョキパーアンケート」の場合だと手をあげない人はまずいません。グーチョキパーで手をあげたまま周りを見渡せば、大体の様子はわかりますし、僕の方でも簡単にアンケート結果を集計して皆さんにお伝えできます。

　このアンケートの方法は、先にも述べたアンケートの正確さだけではなく、会場の雰囲気を和らげるという効果もあります。いい大人が全員参加で「ジャンケンポン」って……。想像しただけでも楽しいでしょ？

　また講演のように「話す・聞く」という「発信・受信」の一方通行コミュニケー

ションの場面で、聞き手からの意思表示ができる良い方法でもあります。ですから「アンケート」とは名前がついていますが、話し手が聞き手にたずねてみたいことを、何でも3択にして聞いてみれば良いのです。

「ちょっと聞いてみましょう。ここまでの私の話を、面白いと思った人はグー、まあまあだなと思った人はチョキ、イマイチだな～と思った人はパー」と聞くのは相当勇気がいるかもしれませんが、こんな思い切った質問をしても良いわけです。

何でも使ってみましょう、「グーチョキパーアンケート」！

ポン

第4章

04

ファシリテーターからの「問い」、ファシリテーターへの「質問」

「問い」が大事です

「問いが大事」とは、ワールドカフェ[*]など参加型の対話の場面で、ファシリテーターたちの間ではよく言われることです。「問いの言葉」や「問い方」ひとつで、多くの意見が出たり、逆に皆が沈黙状態になったりします。対話の（「会議の」と言い換えても良いですが）場面で、その場にいる人たちの心持ちにフィットした問い、つまり「まさにそのことについて、いま話したかったんだ」というような問いを提示することができれば、多くの意見がその場に出され、活発な意見交換の場が生まれることになります。また、特に参加型の場でなくても話し手から聞き手に「問い」かけることは有効です。一方的なプレゼンテーション時の**「的を射た問い」は聞き手を能動的にします。**

プレゼンテーション直後のよくある2つの情景

前記の「問い」は、ファシリテーターから参加者に発せられる対話のための動機づけですが、ここで言う「質問」は、これとは逆に聞き手から発せられるものです。いくら良いプレゼンテーションが行われても、プレゼンテーション終了後、全く質問が出ないというのは、どう理解すれば良いでしょうか？

Ａ「聞き手は完璧に理解し、納得した」

Ｂ「何を聞いて良いのかさえわからない」

多くの場合Ａであることはほぼないと言ってよいでしょう。でもＢでもなくただ、「手をあげるのが」、あるいは、「こんな質問をするのが」恥ずかしいというケースが大半なのではないでしょうか？「そんなことは誰でも知っているよ、知らないのはお前だけだよ」という冷ややかな会場の視線が怖いのです。

もうひとつの困った情景は、質問という場を借りて延々と持論を演説する方がいるケースです。会場の雰囲気は一気にシラケたものになってしまいます。「私たちの貴重な時間を奪わないで～」と、声が聞こえてきそうです。

＊ワールドカフェ　４～５人でテーブルを囲んで提示されたテーマについて対話を行い、１ラウンド20分程度でメンバーを入れ替えながら数ラウンド対話を積み重ねて行く手法です。十数人から数百人規模まで対応できます。

第4章

05

ペチャクチャタイムという時間

「ペチャクチャタイム」というと数人が集まって、井戸端でおしゃべりしているシーンが思い浮かぶでしょうか。いまの時代は井戸端はないので、カフェのテーブルを囲んで、かもしれませんね。

僕が進行役としてお手伝いしている林野庁の研修では、この「ペチャクチャタイム」が公用語として使用されています。

「ペチャクチャタイム」の命名者は僕ですが、これは、一言で言えば研修や講演会などで誰かの話を聞いた直後に、近くの数人でペチャクチャおしゃべりをする時間をとるということです。な〜んだ、命名するほどのことじゃないなとお思いの方もいらっしゃるかもしれませんが、これは想像以上の効果があります。

では、効果絶大な「ペチャクチャタイム」をどんなふうにやるかを説明しましょう。教室型に机が並んでいる会場の場合、少し無理はありますが、１列目、３列目と奇数列の人が後ろを振り返ることで４人ほどのグループを作り、そこでペチャクチャします。もちろん最初からテーブルを囲むような形のほうがやりやすいのは当然です。僕が研修のときの机をアイランド（島）型にするのは、そもそもこの「ペチャクチャタイム」を前提としているからです。

講師から30～40分程度のまとまった話を聞いたら、まず「ペチャクチャタイム」のメンバーで話の感想、疑問、質問したくなったことなどを話します。会場全体では質問しにくいようなことでも数人の輪の中だったら、話題にすることができます。ちょっとした疑問は手をあげて質問するまでもなく、「ペチャクチャタイム」の場で解決してしまうこともあります。感想を共有することで、自分とは違った視点に感心したり、同じ感想に安心や喜びを感じたりすることもあります。ペチャクチャタイムの時間は短くて２～３分、長くて10分程度でしょう。

第4章

06

良い質問をもらうための工夫

「ペチャクチャタイム」で良い質問をしてもらう

プレゼンテーション後の質問には話し手と聞き手との溝を埋めるという大事な役割があります。話し手は可能な限り聞き手の状況を把握しようと努め、聞き手が知りたがっていることにプレゼンテーションの焦点を合わせようとしますが、残念ながらどんなに努力しても完璧に溝を埋めることはできません。必ず、聞き手の「聞きたいこと」とのギャップは存在します。そのギャップを埋めるのが、プレゼンテーション後の質疑応答です。

「良い質問」とは、多くの聞き手が「私もそこを聞きたかったんだ」と思う「皆の代表的な質問」です。「あの部分がわからなかったけど、きっとわからなかったのは僕だけかも……、でも知りたい」「発表者の考えを、私たちの会社のケースに当てはめるとどうなるんだろう？」「プレゼンされたあの考え方は、私たちがいつも言っている○○と同じ事なのだろうか？」などが聞ければ良いですね。

僕は良い質問を得るために「ペチャクチャタイム」をよく使います。講義（プレゼンテーション）を終えた後すぐに会場からの質問を取らずに、周辺の数人でペチャクチャお話してもらいます。プレゼンテーションを聞いた感想でも良いですし、わかりにくかったこと、また良かったことを話してもいいです。

「ペチャクチャタイム」を始めるときに「5分位（場合によっては10分間位）ペチャクチャお話していただいて、最後に何枚でも良いので（時間がない時には1枚だけと限定して）そのグループで話題になったことや質問を、Ａ４の紙に大きく書いて僕にください」とお願いしておきます。こうすると、いくつも良い質問が出てきます。出てきた質問をホワイトボードに貼って眺め、答えやすいものから、あるいは重要なものから答えていきます（残っている時間から回答の優先順位を決めます）。

実は書いてもらった質問をホワイトボードに貼って眺めるだけでも充分意味が

あるのです。僕にとって意味があるのはもちろんですが、聞き手にとってもいまの話を皆がどう受け取ったかがそこに一覧で見えるわけですから、この一覧性は非常に意味があるのです。

読者の方の中には、いったい見ず知らずの人といきなりペチャクチャできるだろうかと疑問に思われる方がいらっしゃるかもしれませんが、心配はいりません。私は、初対面の人たちが集まる場面でも「ペチャクチャタイム」を何度もやりましたが、結構できるものです。

こうして見ると、ただ講義（プレゼンテーション）を一方的に聞いて、ほんの数名の質疑応答があっただけの場よりは、プレゼンテーションを短くしてでも↓ペチャクチャタイム↓質疑応答という場の方が、全体の学びは広く深くなると言えそうです。

第4章

07

場数とフィードバック

プレゼンテーション上手《じょうず》になるにはどうしたらよいのか？　という質問に対して、多くの上手はこう答えます。

「それは何と言っても場数でしょう」と。僕もこの質問には「場数だ」と答えます。しかし、ただただ場を、つまりプレゼンテーションの機会を多く持ったところで、それだけでうまくなるというものではありません。様々な角度からのフィードバック（返球）を受けて、初めて次の改善計画が立てられるのです。ここでいう**場数とはPDCAサイクルの全体**を言っているのであり、プレゼンテーションの準備がP（計画）、プレゼンテーションの実施がD（実施）、フィードバックはC（評価）、それを受けての改善計画がA（改善）なのです。

様々な角度からのフィードバックが必要と書きましたが、**フィードバックは積**

極的に全方位から受けるようにその仕組みを作りましょう。
フィードバックには少なくとも以下の３つの方法があります。

聞き手（参加者）から受けるフィードバック

これは、もっとも一般的で、場合によっては唯一のフィードバックの方法かもしれません。つまりあとの２つのフィードバックはその機会を作るのが困難な場合もありますので……。

聞き手（参加者）からのフィードバックとして最も一般的な方法はアンケートですが、アンケートを取ることができないケースも多々あります。また、アンケートには必ずしも本当のことは書いてもらえないという根本的な問題もあります。あなたが汗をかいて一生懸命にがんばればがんばるほど、あなたが皆から好意を持たれれば持たれるほど、アンケートに厳しいことを書いて悲しませたくないという心情が聞き手にわいてきて、つい「甘め」の評価になってしまいます。また、あなたの成長のために時間を割いてフィードバックを書いてあげようという方は実際、そう多くはないでしょう。では、どうしたら良いのでしょう？

僕はひとつの方法を見つけました。それはシンプルに「お願いする」という方法です。

「このアンケートが私たちを（あるいは私を）成長させます。どんな小さな事でも気づいたことは遠慮無くご指摘ください。できれば改善提案もいただけると嬉しいです」と頭を下げてお願いすれば、「そこまで言うのなら……」と書いてくれます。

あとは、聞いている（参加している）皆さんの**表情も有効なフィードバック**です。僕は「口は嘘をつくけど、表情は嘘をつかない」と思っています。浮かない顔をしている、あるいは眠ってしまっているとなれば、これは明らかに「つまらない・理解できない」の信号です。謙虚に受け取りましょう。

同僚や先輩から受けるフィードバック

もし、ざっくばらんなコミュニケーションが可能な同僚がその場にいてくれるようだったら、始める前にぜひフィードバックをお願いしておいてください。「気付いたことをメモしておいてあとで教えてください」と頼みます。その時注意するのは、良かったか悪かったかのような漠然としたことではなく、気になった点や、講演者とは違う角度から見た聞き手（参加者）の表情や一言などを可能な限り具体的に書いてくださいと頼むことです。

フィードバックをくれた同僚や先輩へのお礼は、今度は反対の立場になった時にちゃんとフィードバックしてあげることです。

あるいは同僚たちを練習台にして、3分スピーチをして必ずフィードバックを書いてもらうというようなことをその組織のあたりまえにしてしまうという方法もあります。朝礼直後の3分間とか、昼休み中の3分間とか、週に1回でも交代で**スピーチ&フィードバックを習慣化**して、参加できる人間だけでも続けてみてはどうでしょう？　何事も練習が大事です。これはプレゼンテーションの練習であると同時に、人を成長させるフィードバックの練習にもなるのです。

フィードバックで大事なこと

要するに**もらって嬉しいフィードバックを返してあげる**ことが大事です。良いか悪いかの判断ではなく、どの点が良かったのか、伝わりにくかったのかを具体的に指摘し、できれば**「僕だったらこうしたかも」という改善提案**をしてあげることです。あくまでも、「あなたは○○だ」という断定的な言い方ではなく「私にはこう見えたよ」を伝えましょう。そして何よりも大切なことは、このフィードバックは**相手の成長のために**しているのだと意識していることです。

自らをセルフチェックする

もし可能であるならば、自分のプレゼンテーションをビデオで録画しましょう。自分のプレゼンテーションをビデオで見るのは結構つらいものですが、間違いない事実と直面することができます。可能であれば誰かと一緒にビデオを見て、複数の目からのフィードバックをもらうとよいでしょう。

第5章

Kamishibai Presentation

KP法の
必須テクニック

第5章

01

テーマの設定のしかた、構成の基本

KPセット1枚目の書き出しは以下の様なものが多いです。

「○○とは」

「○○の3つの方法」

「○○から○○までの3つの困難」

1枚目は、そのセットのタイトルにあたります。基本的には、聞き手の方が「あっ！　それ聞いてみたい」と思うようなものだと良いと思います。60ページでも書きましたが、「相手が欲しがっているものを届ける」のがプレゼンテーションの基本です。「これは皆が知りたいだろうな」ということをまず1枚目に書きます。

2枚目以降の構成は非常に多彩です。典型的なパターンは「○○の3つの方法」というタイトルに続いて「1：○○○」「2：○○○」「3：○○○」と3つの方法を3枚のＫＰシートで示し、シート5枚目からは、「1の具体例」「2の具体例」「3の具体例」と展開し、8枚目、あるいは9枚目で「だから○○が大事ですよね」と締めくくる。

また「○○の言葉」という書き出し（1枚目）で、その100字程度の名言を4〜5枚のＫＰシートに「分けて書く」という手法を取ることもあります。

（例）（／は改行）

アナトール・フランス／の言葉で…　（1枚目・15文字）

多くのことを／教えることで　（2枚目・12文字）

あなたの虚栄心を／満たそうとしては／いけません　（3枚目・21文字）

好奇心を／呼び起こせれば／良いのです　（4枚目・16文字）

心を開かせ／さえすれば／十分なのです　（5枚目・16文字）

火花を散らし／さえすれば／良いのです　（6枚目・16文字）

乾いた枝があれば／炎は自然に／燃え上がるのですから　（7枚目・23文字）

1枚12文字から20文字程度のＫＰシート×7枚のセットになりました。

第5章

02

KP法の1セットの枚数

KP法の1セットの枚数は10～15枚程度が良いでしょう。場合によってはもっと少なくても良いでしょう。その根拠は？

よく見かける横長のホワイトボードは、横180センチ×縦90センチです。A4のKPシートを貼るとしたら横に5枚（詰めれば6枚）、縦に4枚貼ることができます。ホワイトボードの面を全部使えば最大24枚貼ることができますが、横列には5枚程度、縦列も基本的には上段3列までを基本として、例外的に4段目を使うとしたほうが良いでしょう。

これは見る側の机や椅子の配置によるのですが、20人を超えていわゆる教室スタイルで座っている場合、前の人の頭が邪魔でホワイトボードの下の段は見えにくくなってしまうからです。横５列×２段で10枚、３段使っても15枚の理由はこんなところです。

枚数と話す時間は正比例します。僕の場合、10枚でしたら２分30秒、15枚で４分程度です。

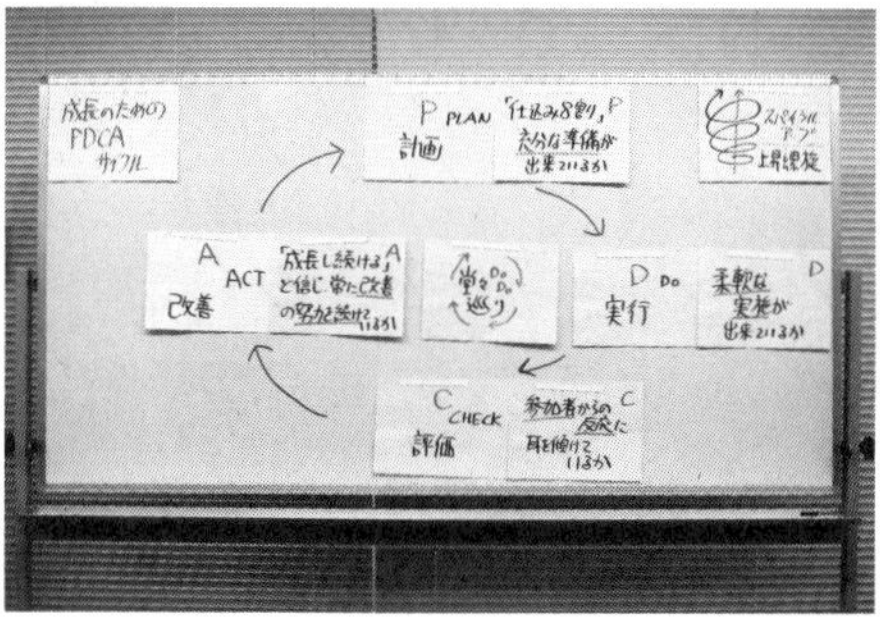

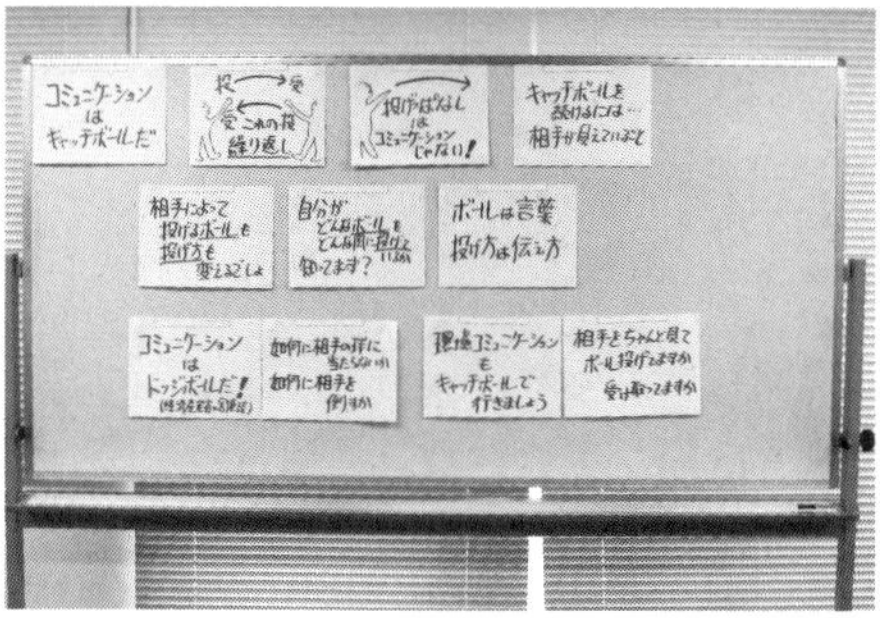

KP法の時間はどのくらいが適当か

つづいて、KP法の1セットの時間についてお話しましょう。

僕のKP法の1セットを計測してもらったところ、短いもので約1分30秒、長いもので5分程でした。もちろん内容にもよりますが、1セット（1ストーリー）の平均時間は3～4分位になります。つまり15分のプレゼンテーション（講義）をどう構成しようかと考える時、4つ位のKPセットを用意すれば良いわけです。30分でしたらその倍になります。

KP法の1シート（枚）あたりの平均的な時間は、僕の場合15秒程度です。1セットの枚数と時間は、この基本単位時間からの掛け算で出てきます。

10シート＝2分30秒から3分20秒、15シート＝3分から4分、という感じです。

3～4分という時間にどんな意味があるでしょう？　僕は区切りの時間としてはとても良い時間だと思います。短いように感じますが、ある程度長時間の研修や会議、プレゼンテーションの中でも、3～4分という時間ならば誰でも集中して聞いていられます。そして掲示したシートをボードから外している10～20秒の間で息を抜ける。

そしてまた次の3～4分が始まる。まるで吸っては吐き、吐いては吸う呼吸のように、ＫＰ法では複数のプレゼンテーションが続きます。

第5章

04

プリントアウトか？ 手書きか？

僕は20年程前にKP法を始めた最初のころはワードで、次はエクセルでプリンタから印刷したものを使っていました。が、ここ数年は全部手書きです。皆さんにもぜひ手書きをおすすめします。

当然きれいなフォントでプリントアウトしたほうが読みやすいですから、何が何でも手書きが良いというつもりはありません。僕が手書きに変えたエピソードを紹介しておきましょう。

10数年前ある研修で、講義の直前にあることがひらめき、その場で手書きでKPセットを作りました。そのセット以外は全部きれいにプリントアウトしてあったものを使ったのですが、手書きのKP法でプレゼンテーションしたあとに参加者の方から「川嶋さん、この手書きの方がイイネ！」と言われたのです。

なぜ？　とお尋ねすると
「手書きのは川嶋さんが書いたって感じがする」

「そのとおりだけど、じゃ他の紙芝居は？」

「何か、どっかで売っているんじゃないかと……」

これには驚きました。そしてさらに「手書きの方が、僕らのために書いてくれたって感じがする」と言われました。まさにこの時には直前にその参加者の皆さんのために書いたのですからこの指摘は全く当たっています。


この経験を経て、ＫＰ法は論理を届けるだけじゃなく、**話し手の「思い」や「熱」を届ける方法**でもあるのだなぁと感じたのです。

「本人の言葉で」「僕らのために」プレゼントしてくれているという事実がこのＫＰ法の強味なんだと感じたのです。

また、手書きには即時対応力があります。ＰＣもプリンタも不要で、紙とマーカーさえあれば数秒で１枚のシートを、数分で１セットを作ることができます。

第5章

05

読みやすい文字の書き方

30人位までのプレゼンテーション会場でのKP法の場合、A4の1枚のシートに書く文字数は1行10文字以下×3行程度が基準だと思います。人数が少なければ文字数、行数を増やしても「読める」ことにはなりますが、10人以下の少人数でしたら、シートをA5程度に小さくして、1枚に多くの文字を詰め込み過ぎないことを大事にしてほしいと思います。

書き文字はそれぞれの個性ですから「どうすべき」というのはないのですが、やはり「読みやすい字」というのはあります。

決して上手な、綺麗な字を書く必要はありません。「読める」ことが最も重要なことです。原稿用紙のマス目のようなスペースを意識して、そのスペースいっぱいを使って大きく書くこと。漢字よりもかなを小さく書くこと、などがよく言われることです。また漢字の略字は極力避けます。くっつく所はくっつけて、離す所はちゃんと離して書くように心がけます。要するに**下手でもいいから丁寧に書くこと**です。

また、ＫＰシートに水性マーカーで書く、その色遣いも重要な要素です。

なお、ファシリテーション・グラフィック（会議の板書）の日本の第一人者である、志賀壮史さんは各色の特長を以下のように書いています。

紫＝目立つので見出しやタイトルなどに。
青＝見やすいのでよく文字を書きます。小見出しにも使います。
緑・茶＝青より少し弱いので小見出しの下のレベルの発言に使います。
オレンジ・黄＝あまり見えないのでアンダーラインや塗りつぶしなどに使います。
赤＝とても目立つので注意事項や最重要ポイントなどに。
黒＝少し沈んで見えるので、影つけや事務連絡に使うことが多いです。

06 色遣いをどのように工夫するか？

KPシートの紙の色は、あまり意識したことがありません。というか基本的に白い紙（多くはミスコピーの紙）を使っています。白色度が多少違っていたりしますが、あまり気にしたことはありません。でも、薄く着色されたコピー用紙もありますので、それらを効果的に使っても良いと思います。1枚目は必ず薄いピンクの用紙を使うなど、その人のプレゼンテーションの「約束事」を作っておくと、聞き手にとっても見やすいこともあると思います。

ただ、僕がシートの色にこだわっていないことには理由があります。**「どこでも書きたいと思った時にすぐ書ける」**ことはＫＰ法には大事なことだからです。いつも色紙を持ち歩くことは困難ですし、色紙を使うのを僕のＫＰ法のひとつの法則にしてしまうと、講演直前に思いついたＫＰセットをその場でササッと作るということがやりにくくなってしまうのです。

もちろん「(白い紙に) その場でササッと」作るために、青・赤（文字用）、ピンク・水色（囲み・ライン用）のマーカーは必ず持ち歩いています。

むしろ手書きのＫＰシートの場合、前の項で紹介したとおり**何色のマーカーを使うか**で印象は非常に違ってきます。

僕の色遣いはシンプルです。タイトル文字（1枚目）は赤、本文文字（2枚目以降）は青。青と対の色として紫や緑を使うこともあります。また強調したい所には赤を再度使います。黒はあまり使いません。また文字には、オレンジ、黄色、ピンク、水色（これは全てPROCKEY12色セットに入っている色です）は使いません。しかし、赤にピンク、青に水色をアンダーラインや囲みとして上手に使うとソフトな強調ができたりします。

いずれにしても、色の使いすぎには注意しています。あまりたくさんの色を使い過ぎると、聞き手はそれらの色遣いの意味を理解しようとして、肝心のプレゼンテーションの中身から、心が離れます。

07 イラスト、記号などの上手な利用方法

文字以外の方法で伝えるKP法は非常に有効です。KP法は論理的に左脳へ働きかけると同時に、感覚・直感・イメージで右脳へも働きかけます。KPシートは絵としても使えます。KPセットとしてのレイアウトの工夫も重要ですが、イラストや記号などをシートのなかでは効果的に使うこともできます。

ここでも上手なイラストが描けなくても大丈夫です。僕も下手くそですが、必要に応じてイラストは描くようにしています。

矢印や■▲●などの記号も有効に使います。特に■▲●などは色のアイコンとして使い、KP法の構造化を助ける働きもします。また、KPシートを貼るボードがホワイトボードの場合（その場合が多いのですが）、ボードに線や記号などを書き足す場合もあります。

第５章

08

ＫＰ法の事前・最中の編集について

ＫＰシートを作るときには、すぐにマーカーで清書をしないようにしましょう。最初は鉛筆や書き慣れたペンで白い紙にそのＫＰセットで伝えたい言葉、届けたいキーワードを自由に書き出してみましょう。この際、順番や構造はあまり考えずに重要と思われるキーワードを、とにかく思いつくままに書いていきましょう。１枚の紙で収まらなかったら、何枚でも書きましょう。

ひと通りキーワードが出てきたら、どの順番で話を組み立てるかの番号をキーワードの上に書き入れます。次に６×３のマス目を書いた紙を用意して、先のシートの順番でキーワードを書き入れましょう。これで絵コンテのできあがりです。どの文字をどの色で書くのか、色もこの段階で決めておきましょう。そして清書です。これでＫＰセットはできあがりです。

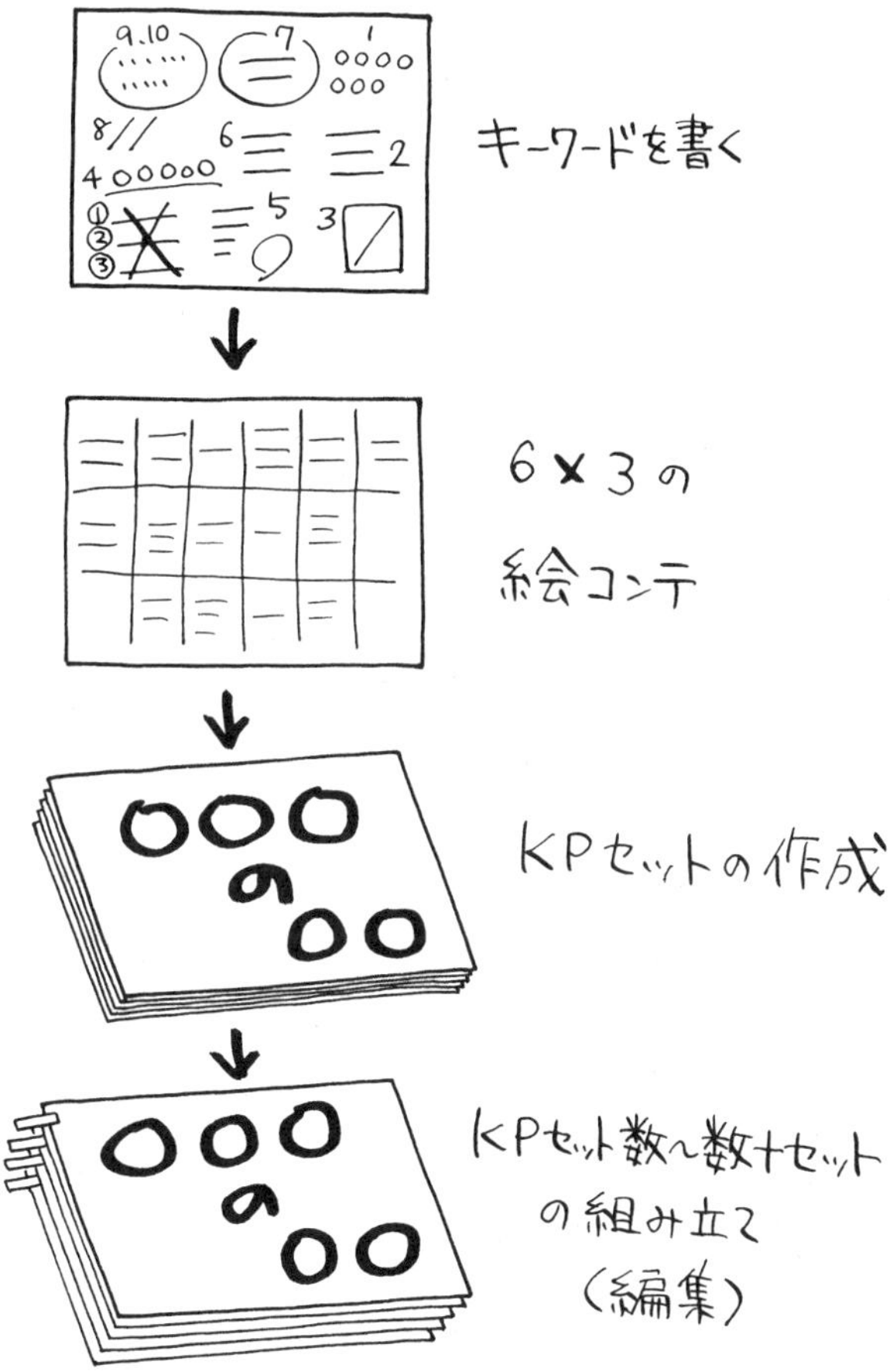
キーワードを書く
6×3の
絵コンテ
KPセットの作成
KPセット数〜数十セット
の組み立て
（編集）

僕は30～60分のプレゼンテーション（講義・講演）の時間をいただいたら、その対象者、テーマに合わせてKPセットを選び、組み立て、必要に応じて新規に作成します。

聞いてくださる方の顔を思い浮かべながら、最初のつかみは何にしよう？　最初の段階で伝えておかないといけないことは？　早めに結論を一度伝えて、その実例をいくつか紹介して、最近のフレッシュな話題も付け足して、最もパンチの効いたセットで後半を盛り上げて、最後は冒頭に伝えた結論でもう一度まとめる、こんな流れを考えます。

その流れに合うセットをKPセットがたっぷり詰まった（2013年4月現在2百数十セット）トートバッグの中から選び出し、お話の順番に並べます。そして各セットの中身を見直して、今回のプレゼンテーションにそぐわないものがないか確認して、追加・削除・書き直しをして準備を整えます。

会場には時間内でできるKPセットの1・2倍～1・5倍くらいのセットを持ち込みます。そうして皆さんの反応を見ながら、いくつかのセットは使わず、持ち込んだセットの7～8割で終わらせます。

この**用意したものを全部使わずに、何を使うかをその場で判断（編集）できる**というのが（目立たないのですが）、ＫＰ法の優れている点です。さらに10～15枚のＫＰセットの中から聞き手の状況によっては、**数枚を抜いてしまう**ことも可能です。もちろんパワーポイントプレゼンテーションでも、途中不要だと判断した画面を「飛ばす」ことはできます。しかし、見ている方としては飛ばされた画面に自分の知りたいことがあったのではないか？　などとつい思ってしまいます。

あるいは、到底その時間ではプレゼンテーションしきれない程の量のパワーポイントを持ってきて、表紙だけはこの講演のためと書き換えているけれど、どこの講演でも同じ物を使い回ししているのではないかと疑ってしまうこともあります。

聞き手としてはこのプレゼンテーションのためにちゃんと準備してきていない講演者の話を聞くのは、イマイチ愉快な感じがしないものです。

その点、ＫＰ法の「その場抜き（その場編集）」という手法ならば、前記のような手抜き感はありません。むしろ、その場の状況（聞き手の様子）に合わせて丁寧な対応をしてくれていると思ってくれるでしょう。

第5章

09 KP法を使ったプレゼンテーションの始め方

KP法を使った講演などを始める前に、会場に集った皆さんに対して「皆さんは今日、どのキーワードにピン!と来てここにいらっしゃいましたか?」とアンケート調査をします。

当日の聞き手の属性やこの場所に聞きに来た動機がつかみきれない時には、僕はよくこの質問からプレゼンテーションを始めます。この時にもKP法を使います。

通常は「募集要項」や「ご案内」の文章の中に書いてあるキーワードから6~10程度のキーワードを選んで、そのキーワードをKPシートに書いて提示します。参加者が「他の理由もあるんだけど」という感じだったら、参加者に聞いてそれもその場でKPシート化して先のキーワードに並べて掲示します。

「複数回答ありで答えてください」と促し、皆の今日の関心事を把握します。それによって、少し多めに持ってきたＫＰセットの再構成をその場ですることもありますし、いくつか「やらないＫＰ」をそこで決めたりします。

いわば、**聞き手とのチューニング**ですね。このチューニングが上手にできていないとずっと違った調（Key）で演奏が続けられることになり、最後まで聞き手と僕とのハーモニーは生まれないのです。

第5章

10

KP法の貼り方

138ページにイラストで説明していますが、まず右手にマグネットを20本位握ります。同じ右手の親指と人差し指&中指でKPの1セット（10数枚）をはさんで持ち、プレゼンテーションボード（多くの場合はホワイトボード）の前に立ちます。基本姿勢は聞き手に向けて正対します。左手でKPセットのいちばん上のシートを少しずらし、マグネットの束からマグネット1本を左手で抜き取り、シートの上辺にマグネットを載せて、プレゼンテーションボードに貼ります。これは基本的なKPシートの貼り方です。

皆さんの利き手によって、左右を入れかえても構いません。

KPセットの貼り方は、プレゼンテーションボードの左上から右に、あるいは下に向けて貼り進めて行き、最後の1枚は多くの場合は右下になります。つまり、

ＫＰセットは左上から右下に向けて貼られるわけです。

左から右への動きですから、聞き手に対して常に身体が開いている状態をキープするためには、僕の「右手でセットとマグネットを持って左手で貼る」方法とは逆に「左手でセットとマグネットを持って右手で貼る」方が良いのかもしれません。ただ、白い空間（ホワイトボードの（まだ貼っていない）スペース）に、どんどん貼ってゆく（攻めてゆく）という感じなら、僕の「左手貼り」でも良いのかもしれません。僕はすっかり「左手貼り」が身に付いちゃっているので、今更「右手貼り」に変えることは難しいかと思います。

ＫＰセットはほとんどの場合、あらかじめ貼っていくレイアウトを決めています。

ただ、実際に僕のＫＰの貼り方をビデオで撮って見てみると、**ホワイトボードの真ん中に「バシッ！」**と音を立ててシートを貼り、その後定位置にスライドさせる貼り方をよくしています。「バシッ！」と貼るのは勢いなんですね。言葉にパワーを持たせたいんです。**言葉にパワーを込めている**んです。

KP法の貼り方

右手にマグネットを20本位握り、同じ右手の親指と人差し指&中指でKPセットをはさんで持ちます。

左手でKPセットのいちばん上のシートを少しずらし、上辺にマグネットを載せて、

KPシートをプレゼンテーションボードの真ん中に貼ります。

その後、定位置にスライドさせます。(最初から定位置に貼ることもあります)

ＫＰ法のはがし方

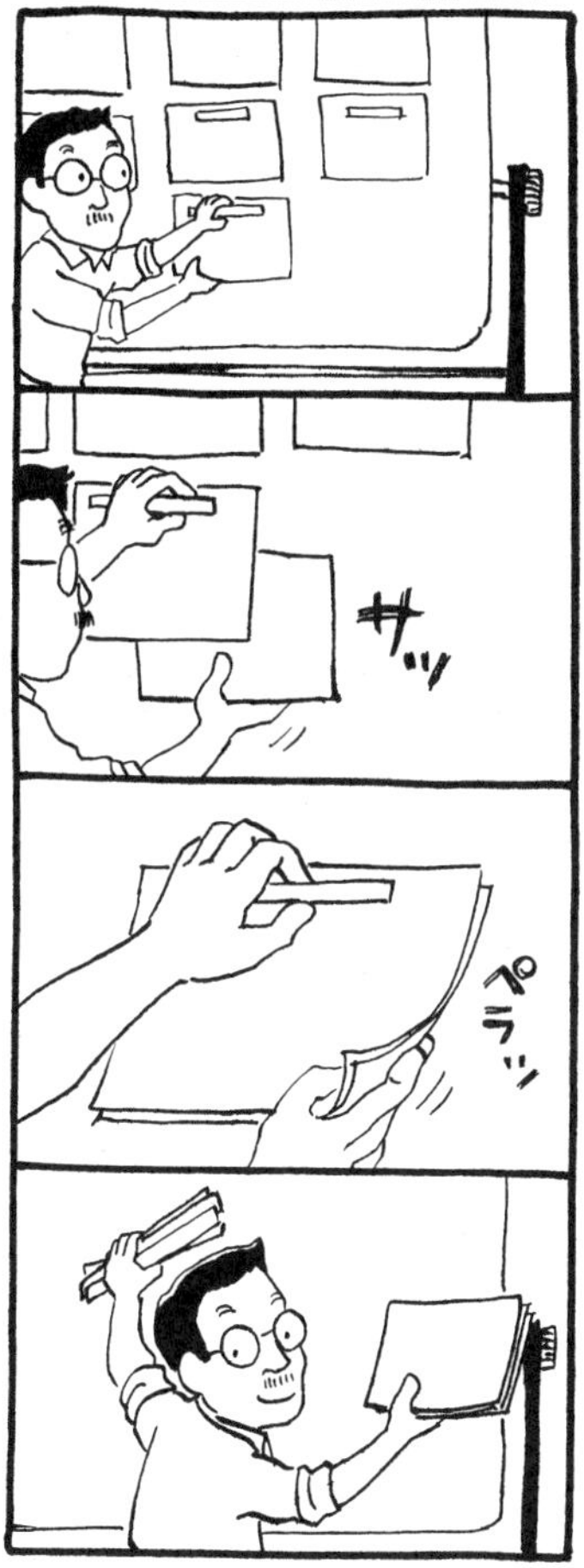

最後に貼ったKPシートを右手でつかみ、左手でマグネットを外します。

貼った順と逆順に右手にあるKPシートをまだボードにあるシートの下にすりこませます。

下から重ねてはがしていきます。

この手順ではがしていけば、元通りの順番で回収されます。

第5章

11

KP法のはがし方

ＫＰ法の1セットを話し終わって次のセットに行くためには、当たり前ですがホワイトボードに貼った10数枚のＫＰシートをはがさなければなりません。ここがパワーポイントプレゼンテーションともっとも違うところのひとつです。クリックひとつで次の画面に行かないのがＫＰ法です。この段階でスマートにシュッシュッとはがせるようになると相当「カッコイイ」です。

最後に貼ったシートを右手でつかみ、左手でマグネットを外します。そして貼った順と逆順に右手にあるＫＰシートをまだボードにあるシートの下にすり込ませながら重ねていきます。この手順ではがしていけば、元通りの順番でＫＰセットが重なって回収されます（次回、同じセットを使うときのためにも順番は間違えないように）。

この回収時間をもったいないと思うか、意味ある咀嚼の時間と思うかは考え方次第です。

僕は、このはがしている10～20秒程の間に講義の内容とは直接関係のないＫＰ法そのものについてチラッチラッとお話をします。

「どうですか？　いいでしょ？　このプレゼンの方法……、ＫＰ法って言うんです。紙芝居プレゼンテーションでＫＰ……」これで10秒です。テレビドラマの間のＣＭの時間みたいなものでしょうか。息抜きには大切な時間です。

僕は、１００教えて92忘れられるよりも、10教えて８覚えてもらったほうが絶対に良いと思っています。結果はどちらも「８伝わった」ことには変わりありませんが、「９割忘れたけど……」というわかり方と「８割理解できた」というわかり方では、その後のモチベーションが全く違うと思うのです。これは、証明はできません。ただ経験的にそう思うのです。

第5章

12

KP法の記録のとり方

パワーポイントプレゼンテーションと違って、KP法は事前に発表資料を印刷しておくことができません。「できません」と書きましたが、少し手間がかかりますが方法はあります。

事前にKPセットを全て決めておいて、そのままやれば良いのです。これはあまりKP法らしくない選択ですが、パワーポイントプレゼンテーションなら普通にみんなやっていることです。事前に決めたとおりにやりさえすれば、以下のいくつかの方法で発表資料を講演時に配布することができます。

・プレゼンテーションボードにKPセットをレイアウト通りに貼り、それを写真で撮り、その写真を当日資料として配る

・ＫＰセットのキーワードをワードなどでベタ打ちしておき、それを配布する
・（これは僕がたまに使う手なのですが）ＫＰセットと同じ内容のパワーポイントのスライドを作成し、パワーポイントの配布資料として印刷し配る

ただ、当日聞いていただく皆さんの様子を見ながら、実施するＫＰのセットをその場で決めていくような方法をとる場合にはこのようなやり方はできません。

そこで、僕はひとつのＫＰセットが終わるごとに写真を撮ってもらいそれをあとで送るという方法をとっています。もちろん、気になったキーワードだけでもノートするという行為は歓迎なので、ノートを制限するつもりなどないのですが「ノートが間に合わなくても大丈夫ですよ、全部写真に撮ってあとでお送りしますから」と聞き手の皆さんに安心してもらうのです。

あと記録の方法としては、記録係にひたすらＫＰのテキスト文をパソコンに打ち込んでもらうという方法もあります。テキストデータになるので、あとの扱いは良いのですが、ＫＰ特有のレイアウトや色遣いが反映されないのが難点です。

第5章

13 KP法の弱点

KP法には実は、いくつかの弱点があります。その弱点を理解した上で、ココという時に有効利用しましょう。

大人数には向かない（できる方法はありますが）

KP法は、さすがに大会場で大人数に向けたプレゼンテーションには向きません。物理的に書かれた文字が読めないからです。

2010年7月に立教大学で行った僕の異文化コミュニケーション研究科特任教授の最終講義では大人数相手にちょっと新しい試みをしました。その教室は300人位入る教室で、当日は大学院の教員・学生、OBの他に一般の方もいらっしゃるという想定でした。さすがに300人を前にKP法は無理です。しかし、大学院の授業でもＫＰ法を駆使していた僕が最後の講義をどんな方法でするのか？学生諸君からの期待を肌で感じていました。妙案がないままその教室の下見に行った所、ＯＨＣ（オーバーヘッドカメラ・書画カメラ）が教室にあることを発見。ピン！と来ました。

「この35センチ四方の投影面をＫＰボードにすればいいんだ！」。早速、文房具店に行き、名刺大の単語カードを買い、そのカードに手書きでＫＰシートを書きました。

当日はいつものＫＰシートの束とマグネットを持たずに、講義のメモと小さなカードを持って教壇にあがりました。ＯＨＣの電源を入れて、1枚目のカードを置いた瞬間、会場は「オ～」とどよめきましたが、ウケたのはその1セットだけで、あとの数セットのＫＰに大きなレスポンスはありませんでした。でも一瞬だけでもウケてよかった。

ここで僕はＯＨＣによるＫＰ法を発見しましたが、残念ながら、その後はなかなか再現する機会がありません。

また、「ＫＰ法のプレゼンテーションのようにパワーポイントを構成する」ことはできます。

実際に僕のパワーポイントプレゼンテーションは極めてＫＰ法的です。

たまには、パワーポイントで下書きをしておいてから、ＫＰシートを清書する場合もあります。将来は自分の手書き文字をもとにしたようなフォントを作成すれば、よりＫＰ的パワーポイントプレゼンテーションになるのですが、まだチャレンジできていません。

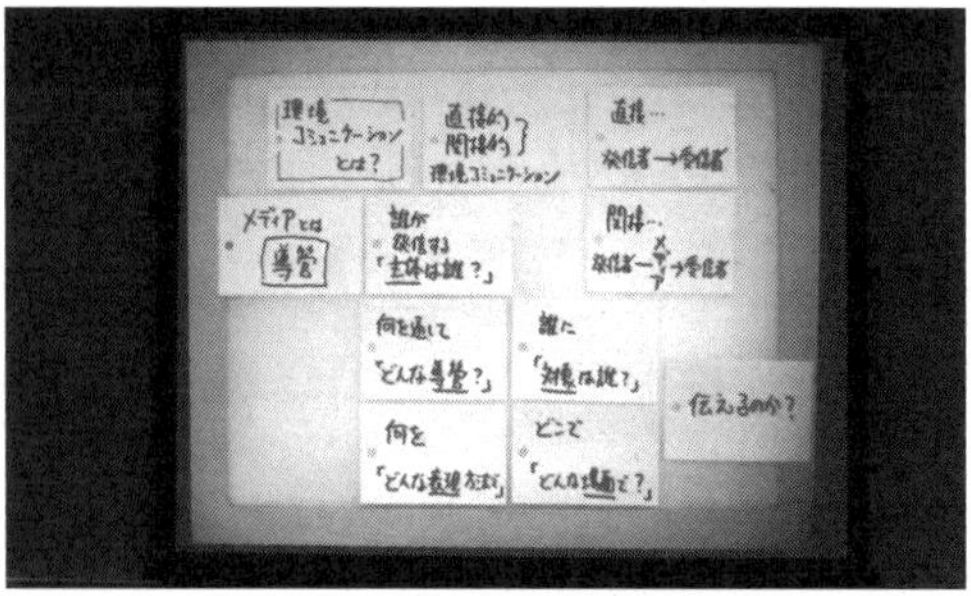

OHCを使ったKP法の例

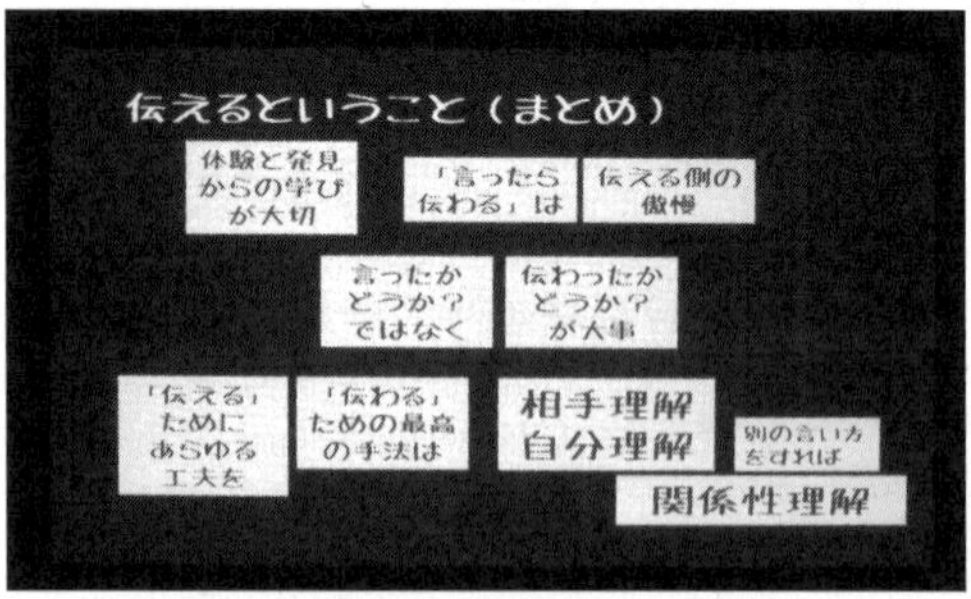

パワーポイントを使ったKP法の例

風に弱い

暖房・冷房・自然の風、会議室・教室・講堂には室内とはいえいろいろな風が吹いています。実はＫＰ法は風に弱いんですね。ＫＰシートが風にあおられてペラペラしているのも見にくいですが、風が強すぎるとマグネットを飛ばしてＫＰシートが飛んでいってしまうこともあります。

こんな状態になったら、もうＫＰ法を続けることは無理です。野外での活動の場合ならば、できるだけ事前に下見をしますが、講演などの場合には会場の下見のために事前に現地を訪問するということはまずありえません。当日開場前に会場に入れていただきますが、その時には空調が入っていない場合もあります。ただ空調の場所を確認することはできますので、風の流れを想定することはできます。

１６４ページの「野外でＫＰ法」の場合も風には要注意です。当然のことながら、野外は室内に比べて風が強いケースが多いからです。「室内と同じようなテンポでは野外でＫＰ法はできない」と思っておいたほうが良いでしょう。

図表や写真はパワーポイントプレゼンテーションにかなわない

言うまでもありませんがＡ４サイズ（場合によってはＡ５やＢ５）の紙を貼るだけなので、図表や写真などは、大画面・高輝度のプロジェクターで映される資料には全くかないません。喧嘩はしません。最初から白旗を揚げます。降参です。

ただ、簡単なマンガ・イラストなどは、少し紙を大きくしてボードに貼ってお話を進めることができます。

僕は子どものころ、紙芝居の黄金バットや赤胴鈴之助の活躍を心躍らせて見ていた世代です。Ｂ４程の大きさの紙芝居が自転車の荷台の上の木の枠のステージの向こうで展開されます。いま考えれば、当時の子どもたちはスゴイ想像力の持ち主だったな、と思います。紙芝居の次の絵が少しずつだんだん見えてくる瞬間のドキドキ感。なんであんなに怖かったんだろう？　なんであんなにドキドキしたんだろう？　って思い出すのです。

僕はあの頃のことを思い出すと、いまはホワイトボードというステージを使って「紙芝居」をしているんだと思います。あのときのオジサンみたいにはなれないかもしれませんが。

そうです、完璧な図表をパワーポイントで見せるよりも、少しデフォルメされた簡略化した手描き図をKP法で見せたほうがよほど記憶に残ることもあるはずです。

KP法は余計な情報を省く天才です。

よりシンプルに再編集された図こそKP法のパワーの見せどころでもあります。

この項の最初に白旗を揚げましたが、図についてはパワーポイントに対して宣戦布告です。

14 必須アイテム、便利な道具

ここでは、KP法で使う道具について少し丁寧に紹介します。道具といってもホワイトボードのようなかなり大きなものもありますが……。皆さんもいろいろな工夫をしてみてください。

紙（KPシート）

KP法をやる時に必ず必要になるものは紙です。

紙は新品である必要はなくて、ミスコピーの裏紙でOKです。

僕は環境教育というフィールドでプレゼンテーションすることが多いので、むしろ裏紙を使っていたほうが良い印象を持たれたりします。とにかく白い面さえあれば何でも良いわけで、片面が白紙の（期限が過ぎた）イベントチラシなどでも良いのです。ただ、カラー印刷用のコート紙などは重いので、持ち歩くことが多い場合には要注意です。

通常はどこででも手に入るＡ４コピー用紙を使うことが多いです。

紙のサイズは、10人以内でしたらＡ５サイズあるいはＢ５サイズであれば十分でしょう。参加者や会場の大きさを考えて用意してください。

僕はほぼ全てのＫＰシートをＡ４サイズにしています。Ａ４サイズ１枚あたり20文字程度の字数であれば、30人位までのプレゼンテーションの会場での使用が可能、つまり読むことができる文字の大きさになります。たまにＢ４あるいはＡ３サイズの用紙を使ってプレゼンテーションをする方もいらっしゃいますが、持ち運びや使い回しを考えるとＡ４サイズがいちばん適当と思います。仮にＡ３サイズにしても筆記具（マーカー）の太さを変えない限り、１００人に読んでもらうというわけにはなかなかいきません。

マーカー（筆記具）

僕は、三菱鉛筆のuniPROCKEY（プロッキー）という水性のマーカーを使っています。このマーカーの良い点は、水性で裏写りしない、乾きが早い、においがない、書きやすい、替えインクがあるというところです。マーカーの両端に細（円芯）・太（角芯）２つの芯があります。ＫＰシートを書くときにはもちろん太い方を使います。

このマーカーのような角芯のものは持ち方を上手にすれば、縦線が太く横線が細い明朝体が書けます。しかし、購入直後のプロッキーは横線が細くなり過ぎて、遠くからの視認性が悪くなります。しばらく使い続けているとだんだん芯の角が丸くなってきて、横線も良い感じの太さになるのですが。横線の細さが気になる場合には、カッターで芯を削りながら微調整します。

ホワイトボードマーカーや油性のマジックは、裏写り、乾くまでの時間、においなどの問題があるので、おすすめできません。特に油性のマジックは、間違えてホワイトボードに直接書いてしまったり、テーブルに写ったりしたときに、なかなか消えなくて困ることがあります。

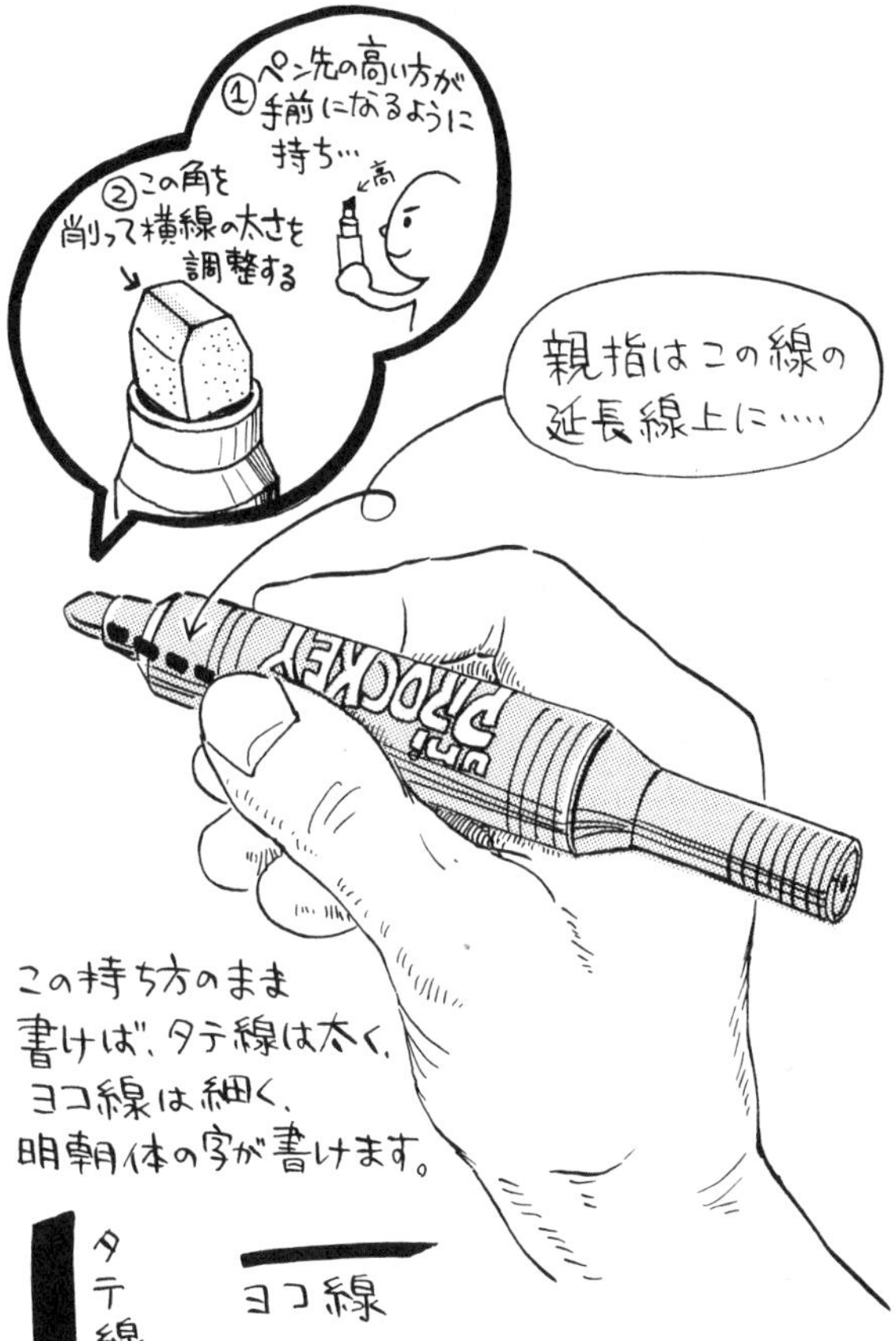
①ペン先の高い方が手前になるように持ち…
高
②この角を削って横線の太さを調整する
親指はこの線の延長線上に……
この持ち方のまま書けば、タテ線は太く、ヨコ線は細く、明朝体の字が書けます。
タテ線
ヨコ線

マグネット

　僕は、最近はパイロット社のカラーシート（商品番号WBGE-08）の白を使っています。１００ミリ×３００ミリ（厚さは０・８ミリ）のシートから１５０ミリ×12・５ミリのものを16本切り分けます。この１５０ミリ×12・５ミリというサイズは経験上いちばん使いやすいサイズです。厚さはこの０・８ミリが最適でこれ以上厚いと磁力が強すぎて扱いにくいと思います。

　この棒状マグネットの形が、ＫＰシートをボードに貼った時に紙がたわむことがなく美しいのです。

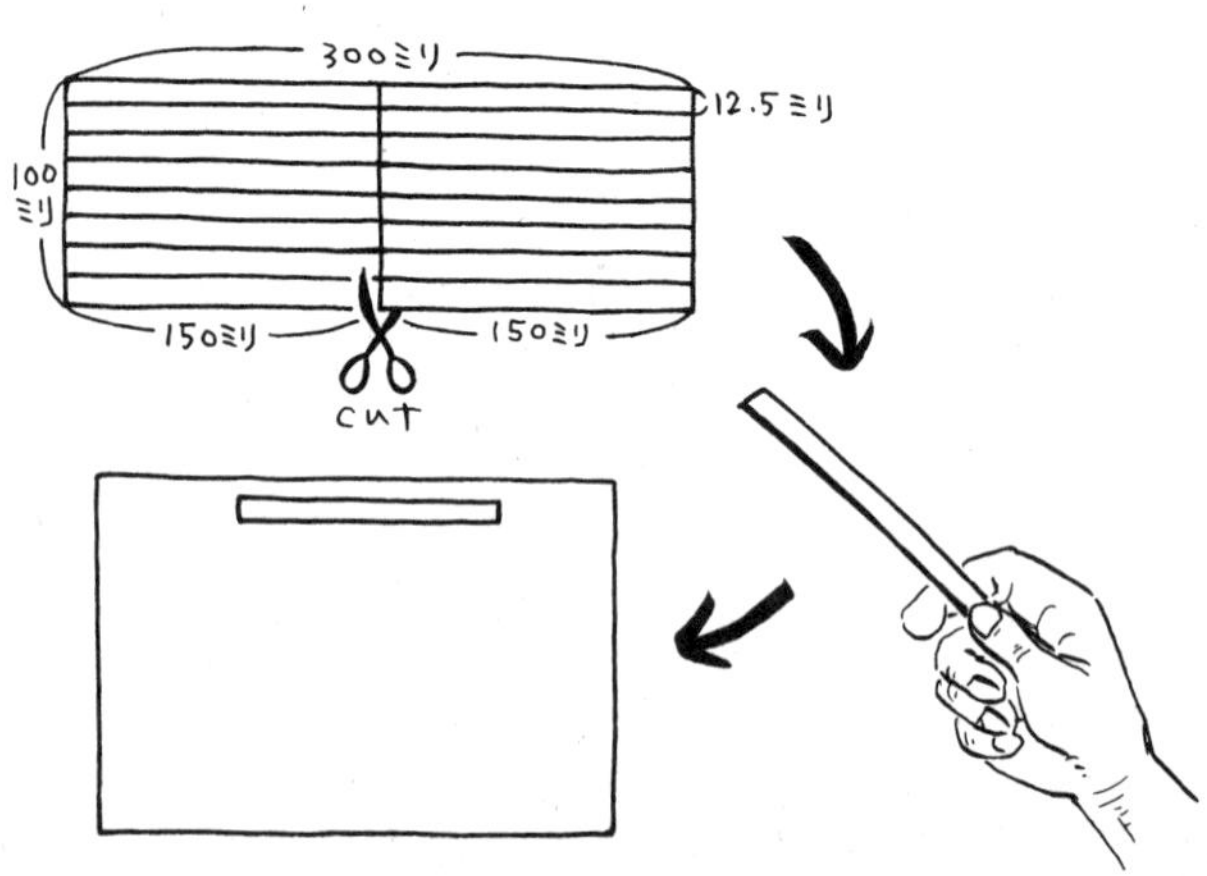

ホワイトボード用の棒状のマグネットも市販されていますが、ＫＰ法には不向きです。少し小さめの標準的なマグネットバーの大きさでも２００ミリ×18ミリ、厚さが10ミリくらいあり、片手で10本程度しか持てません。また磁力が強すぎてＫＰ法のスピード感を出すことができません。持ち運びもかさばりますし、何よりもコストがかかります。

また、最近では直径８ミリ位の小さな強力マグネットもあります。これは取り扱いはしやすいのですが、Ａ４横位置のシートの上部を小さなマグネット１つで止めると紙の上部の両端が曲がってしまって見にくくなるのです。ひとつの紙に２つのマグネットを使うのは、ＫＰ法にスピード感がなくなり、僕はあまり好きではありません。

ただ、棒状のマグネットは慣れないと丸型のマグネットと比較して扱いにくいものです。慣れるまでは使いやすいものを選択すればよいでしょう。

フセン（付箋）

これは、ＫＰ法実施に直接関係する道具ではないのですが、ＫＰセットの保管や移動時に必要な道具です。つまり、１セットは10数枚の束です。その束を何種類か保管したり持ち運んだりする時に、縦横交互に積み重ねる方法もありますが、Ａ４の場合30センチ四方の箱が必要になります。１セット毎にクリアファイルに入れるという方法もありますが、量が多くなるとクリアファイルの重さも馬鹿にできません。結局各セットの１枚めに５センチ×１・５センチほどの小さなフセンを付けて、そのまま重ねて運びます。これが最も簡単で経済的な保管＆移動方法です（１３１ページのイラスト参照）。

僕はまだできていないのですが、ＫＰのセットが何十種類にもなった時には、フセンの色で分類することも良い方法だと思います。

プレゼンテーションボード

ＫＰシートを貼るためのプレゼンテーションボードです。普通はホワイトボードを使いますが、なければいくらでも工夫ができます。これはとても工夫できるところが多いので、次の「『ＫＰ法はホワイトボードで』とは限らない」で、詳しく書きました。

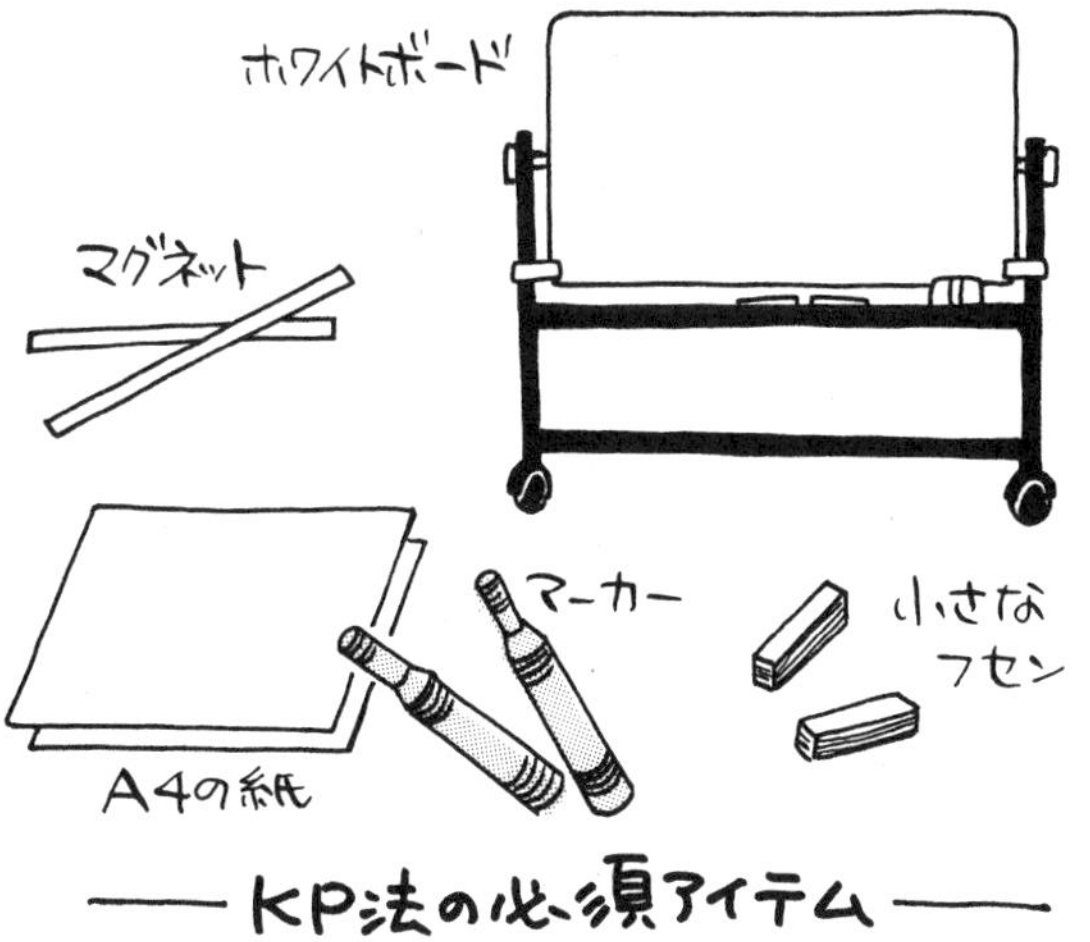

―― KP法の必須アイテム ――

第5章

15

「KP法はホワイトボードで」とは限らない

黒板を使う

学校の教室にある黒板でもよほど古くない限り、その多くはマグネットが付きますからホワイトボードと同じように使えます。

黒板（実際には緑色が多いですが）に白いKPシートを貼れば、かえってコントラストがきれいで、レイアウトの工夫も美しく映ります。ただ、貼ったKPシートをアチコチにすべらせて移動させようとすると黒板は難しい。ツルツル肌のホワイトボードにはかないません。

部屋を仕切るパーテションを使う

最近は大きな会議室をパーテションで幾つもの小部屋に仕切って使う場所が多

いようです。こうしたパーテションの多くはマグネットが付きますので、ＫＰ法には「もってこい」のステージになります。

通常のホワイトボード（１８０センチ×90センチ）の広さに限定されることなく、まさに端から端まで天井から床まで全面ＫＰで使うこともできます。毎回のＫＰをいちいちはがす必要もなく、いくつかのＫＰセットをその軌跡を残したままプレゼンテーションすることだってできます。

ただ逆にこの広さの壁面があると思って、ＫＰの１セットの枚数を20〜30枚と多くしてしまうと、結局伝える情報量が増えすぎてしまうということも。ＫＰ法の良い点がなくなってしまう危険性もあるので気をつけましょう。

スチール製のロッカーや書類棚を使う

10数年前ある企業から小さなグループへのプレゼンテーションの依頼があった時、「僕はホワイトボードでプレゼンテーションしますから、ホワイトボードを用意してください」とお願いしました。ところが会場に着いてみると、ホワイトボード面がそのままコピーできる、当時の最新式のものがあったのです。

「しまった！」、このホワイトボードはマグネットが付かないのですね。

しかたなく部屋を見回すと、スチール製のロッカーがありました。幅90センチとやや狭かったのですが、数人対象ですからホワイトボードが縦長になったと思ってロッカープレゼンテーションをしました。ロッカーを使った紙芝居プレゼンテーションはその方法の斬新さで（内容はともかく）好評を得ました。

究極の携帯ＫＰボードを使う

マグネットが付くボードがない場合には、究極の携帯ＫＰボードの登場です。とは言っても１８０センチ×90センチの板を持ち歩いているのではありません。ＤＩＹショップで売っている幅５センチの粘着面付きステンレス製のテープの粘着面のカバーをはがさないまま、１５０センチ～１８０センチ程に切ったものを３～４本小さくまるめて携帯します。このテープをプレゼンテーションしたい壁面に上下約25センチの幅をあけて養生テープなどで壁にはります。

これで即席ＫＰボードのできあがりです。マグネットもちゃんと付き、全く問題なくＫＰ法ができます。

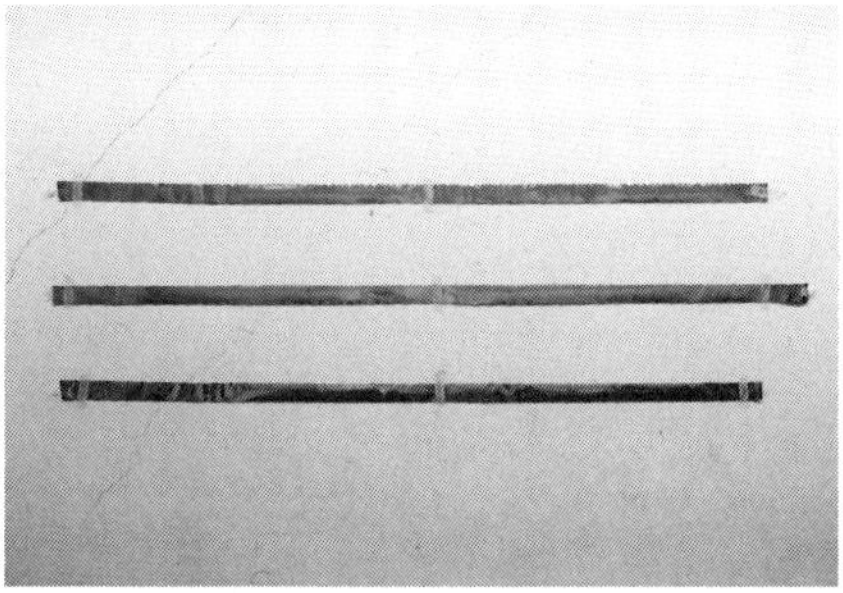

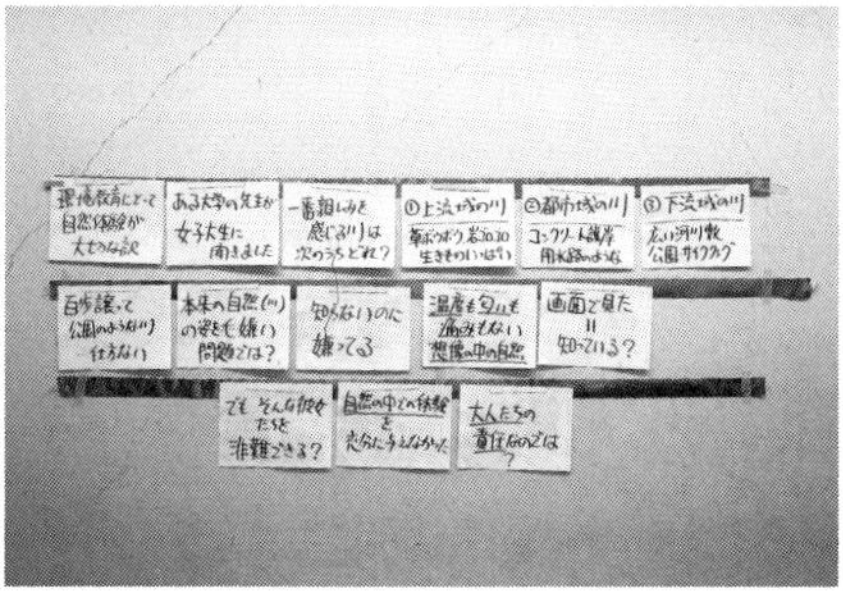

テープを使って貼る（貼ってはがせるテープ）

マグネットを使わずに壁にテープを使って貼る方法もあります。マグネットのようなスピードを求めることはできませんが、テープを貼ってシートを渡してくれる「助手」がいれば、そこそこのテンポでＫＰ法ができます。

ＫＰセットを何度も使おうと思うならば（もちろん僕は、セット内の変更をしながら何度でも使い回ししています）、普通のセロハンテープではなく、貼ってはがせるテープのような、壁面にも紙面にもあとが残らないテープを使ったほうが良いでしょう。

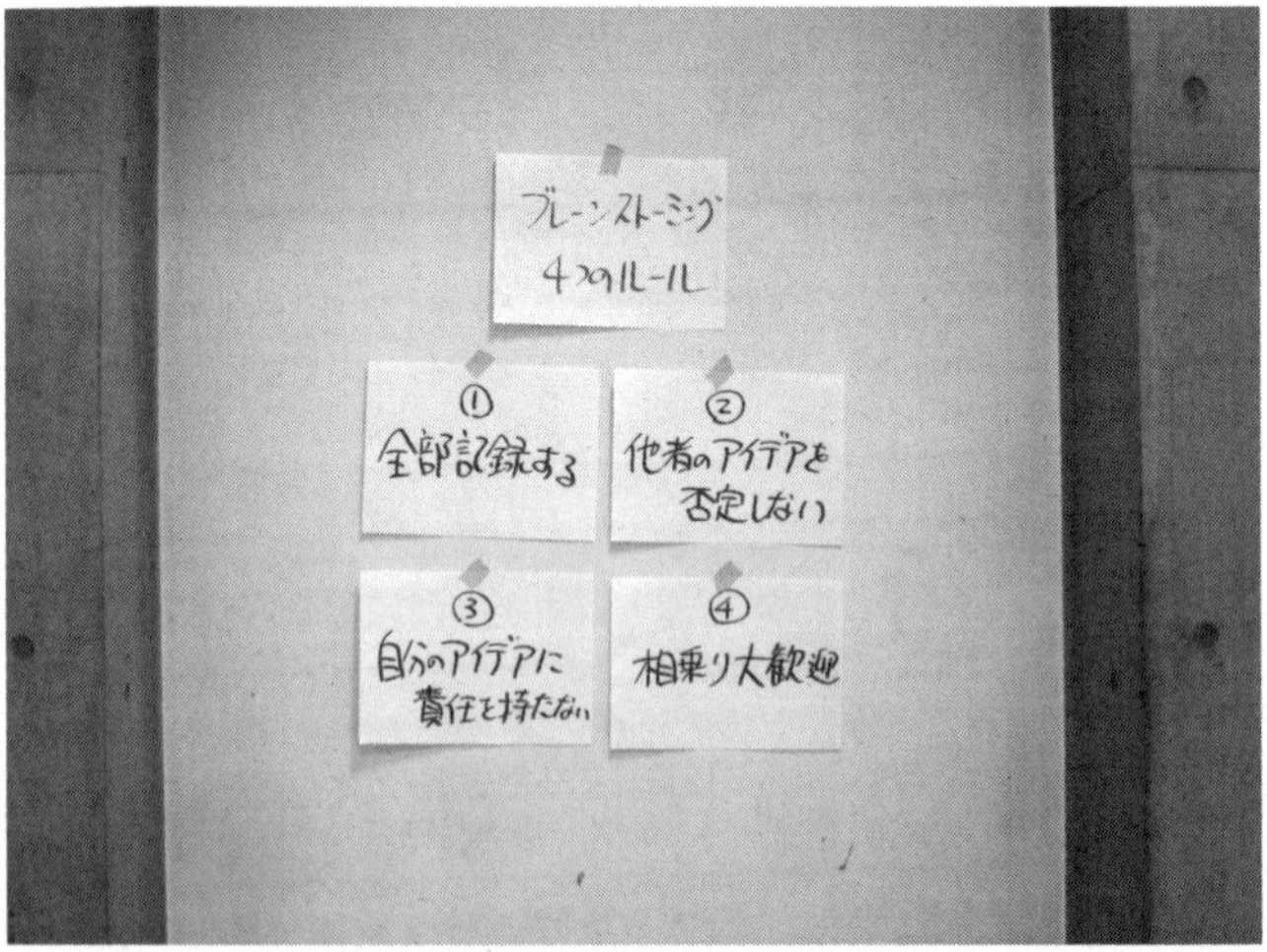

「ひっつき虫」を使う

白い粘土のようなくり返し貼ってきれいにはがせる粘着剤の「ひっつき虫」（商品名）を使う方法もあります。

あらかじめＫＰシートの幅と上下の間隔を計っておきます。プレゼンテーションに使うボード面のシートの上部中央部にあたるところに「ひっつき虫」を貼っておき、ＫＰシートだけを提示したりはがしたりする方法です。

弱点は、ＫＰシートのレイアウトが自由にできない点です。

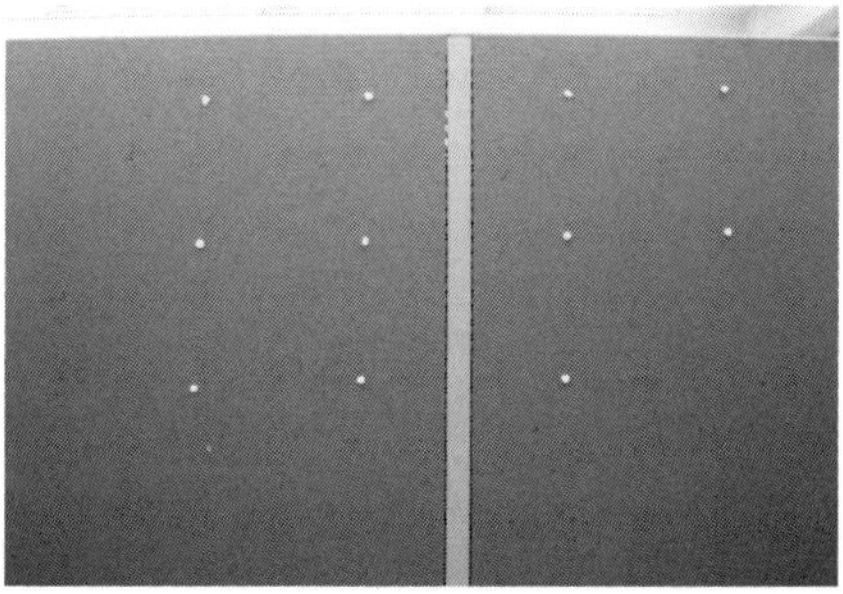

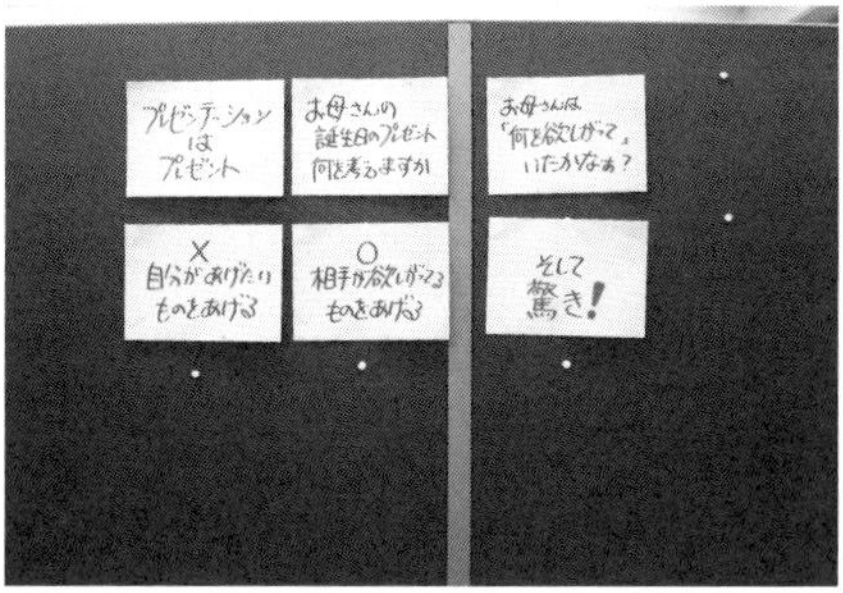

第5章

16 野外でもKP法

KP法は会議室など室内だけのプレゼンテーション方法とは限りません。KP法を野外に連れ出しましょう。以下に僕の経験からできた「野外でもKP法」の実例を紹介します。

自動車を使う

KP法を野外でやりたくなったことがあります。それは宿泊して行う研修でした。朝食前に研修参加者と1時間ほど森を散歩してから、最後にある作家の言った言葉を紹介したくなったのです。とりあえずKPのセットを持って散歩に出ました。とにかく何か方法はあるだろうと思ったのです。

約１時間の散歩を終えて、宿泊していたホテルに戻ってきた時１つのアイデアが浮かびました。そこには駐車場があって、ちょうど良い感じの１ＢＯＸカーが停まっていました。もちろん知らない方の自動車でしたが、僕は参加者に１ＢＯＸカーの横に座ってもらいボディを使ってＫＰ法を始めました。自動車のボディは金属ですから当然マグネットは付きます。ホワイトボードとほぼ同じ感じでＫＰ法ができたのです。

途中で１ＢＯＸカーの持ち主が来なかったのは幸いでした……。

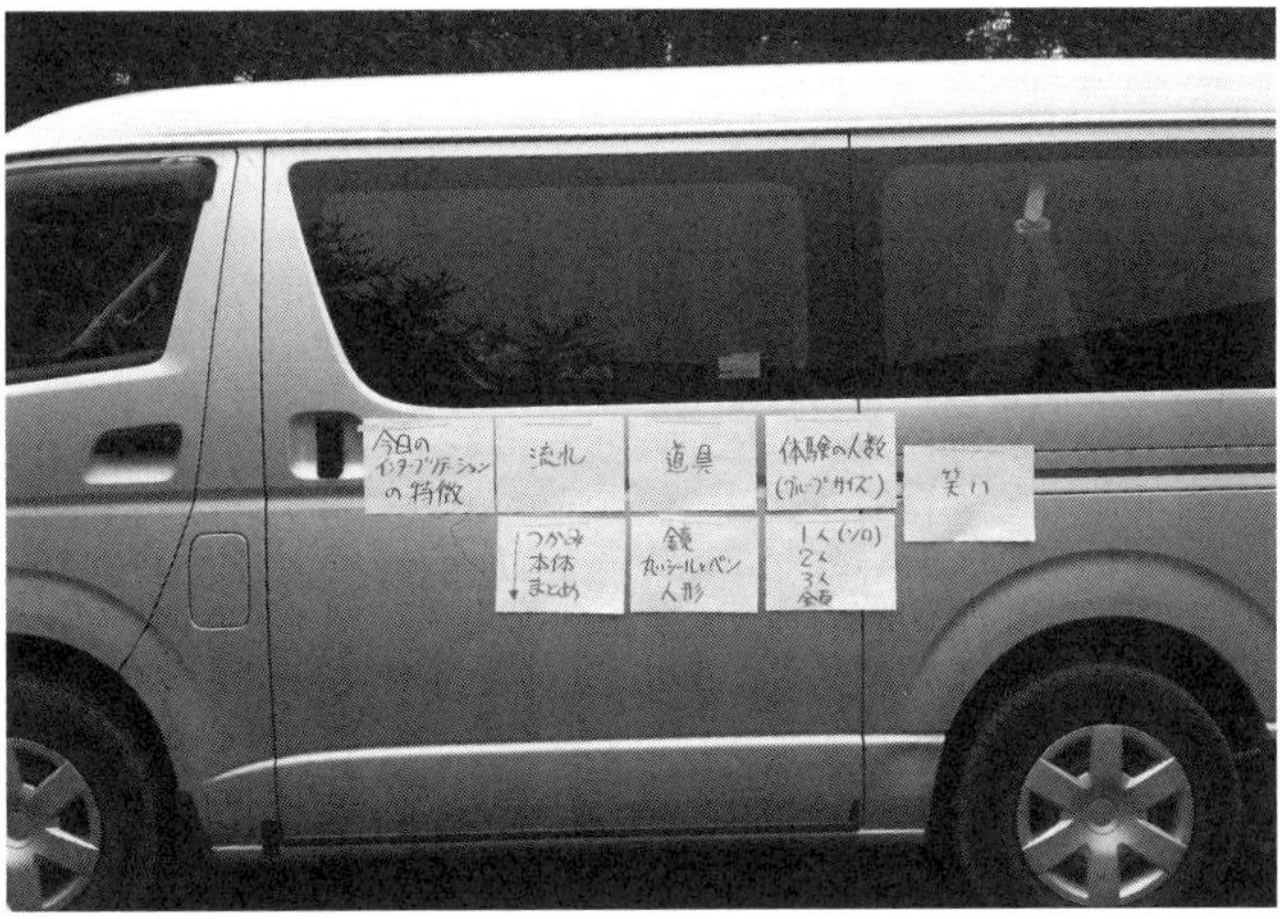

バスを使う

2011年から全国で行われている林野庁の准フォレスター研修では、KP法が大活躍しています。特に各グループで課題を検討した結果の発表時です。この研修は前後半合わせて10日間という長期のものでしたが、その中で2日間ほど野外での実習の時間がありました。

この実習ではA1サイズほどの大きな地図にグループでの検討結果を書き入れて発表するということがありましたが、その実習地まで研修生や講師を運んできたバスのボディの側面がKPボードとして使われました。

バスの側面は通常のホワイトボードと比較しても大きな壁なので、各グループの発表結果の図面を貼ったまま比較検討することもできました。バスにペタペタ紙が貼ってある姿は、ちょっとユーモラスでしょう。

人間を使う

森の中でもＫＰ法をしたくなる時があります。そんな時には「人間ＫＰボード」の登場です。あまり多くの枚数のＫＰシートは使えませんが、６～７枚以内ならば人間がシートを持って並ぶという単純な方法が使えます。

人間ホワイトボードには２つの立ち位置があります。ひとつはＫＰシートの枚数分の人間が皆の前に向かい合あうように立つ場合。これは参加者にとって読みやすい方法ですが紙芝居の枚数をちゃんと把握しておく必要があります。比較的大人数の場合に向きます。

もうひとつのやり方は、15人位までの場合に適しています。円形になって僕もその中に入り、紙芝居を１枚ずつ僕が見せて、その後右隣りの人に次々と渡していく方法です。ＫＰシートが次々に送られていく様子はなかなかユーモラスで場を和ませます。ただこの方法は、紙芝居を持っている人間はキーワードが見にくいという難点があります。

紙芝居の撤収の様子も先ほどとは逆の動きでこれも楽しく映ります。

第6章

Kamishibai Presentation

ＫＰ法実践講座

第6章

01

KP法を使ったプレゼンテーションの手法を学ぼう

ここでは、KP法入門講座の手順を書いてみました。こんな手順で取り組んでみると皆さんもスッとやってみることができると思います。

●事前に用意するもの
A4サイズの紙（人数×20枚程度）
A6サイズの紙（人数×4～5枚）
水性マーカー（濃い色のもの、人数×3本程度）
マグネット（グループ数×20本（個）程度）
ホワイトボード（グループ数の面数）

①「KP作成の基本技術」のおさらい

ＫＰ実習に入る前に、ＫＰ法の基本技術のおさらいをしておきます。

できればいくつかのＫＰ法の実例をこの入門講座の前に見ておいてください。

・絞り込む
・1セットに複数の話を書かない
・聞き手に合わせる
・1セット10枚程度（15枚以内）
・使う色は3色以内
・1行10文字最大3行
・上辺2センチは書かない（マグネット用）
・イラスト、ピクトグラム推奨
・貼るレイアウトを事前に考えて

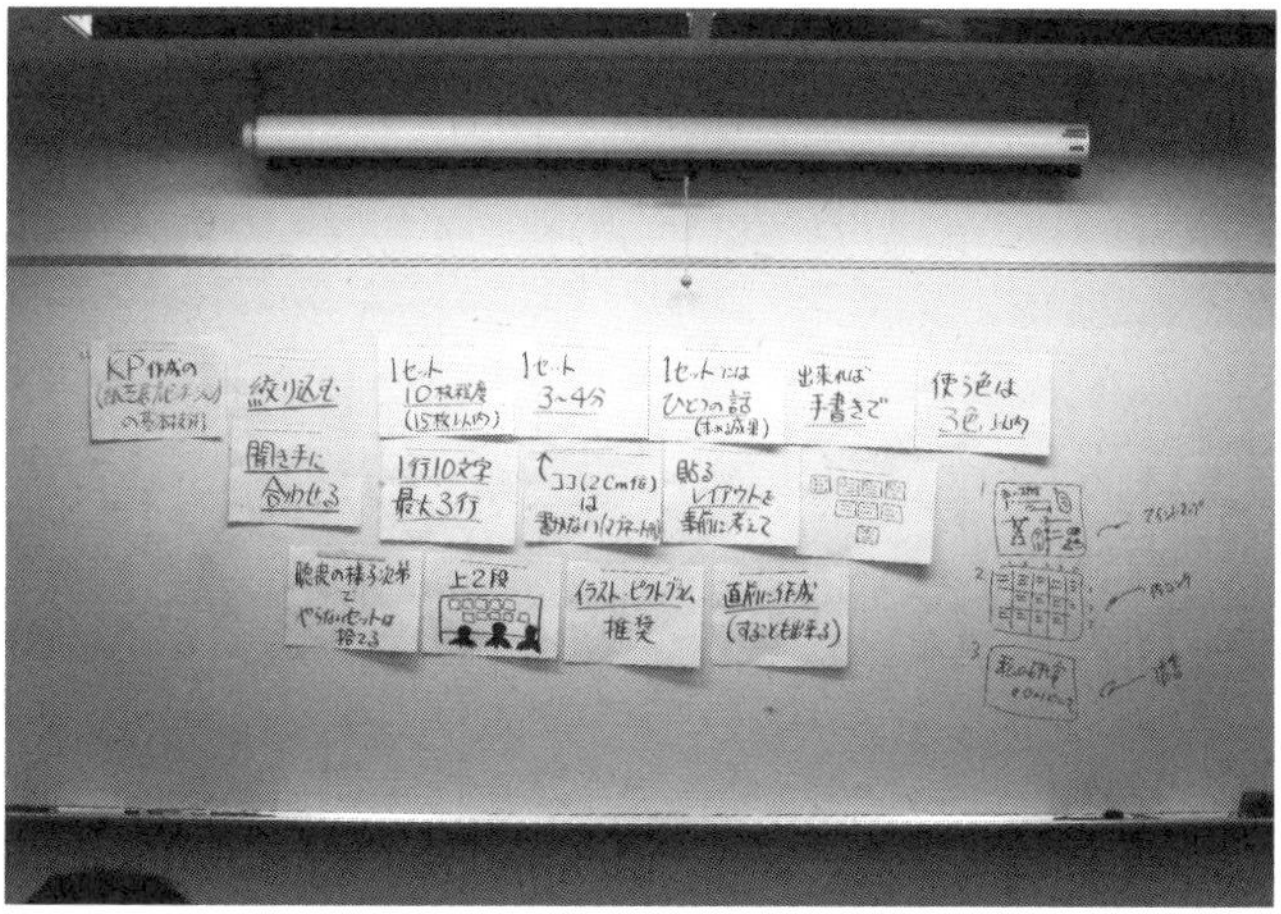

②やってみようKP法の手順説明（以下をKP法を使って説明します）

・いまから30分後に各グループのメンバーに対して、１人ずつ自分で紙芝居プレゼンテーションをしてもらいます。

・今日のお題は「私の好きな▲▲▲」です。

（このお題が一番取り組みやすいハードルの低いお題です。ここで突然「来年春の新商品企画について」とか「わが社が抱えるコミュニケーション上の問題の解決方法について」などをテーマにするのは、KP法の最初の練習問題としてはハードルが高すぎて適切ではないでしょう）

・今日のプレゼンテーションの達成目標は、聞き手があなたのプレゼンしたものに「興味を持つようになる」ことです。さらにあなたが紹介したものを聞き手が「好きになる」ところまで行ければ最高です。

・各自のプレゼンテーションの持ち時間は４分です。

・ＫＰセットの制作時間はこの説明終了から30分間です。

・使って良い道具は、各テーブルの上にある、Ａ４の紙と水性マーカーです。

・すぐにＡ４の紙にマーカーで書き始めないで、絵コンテを書くように、下書きから始めてください。

・ＫＰ法は思考整理法ですから、自分の好きなものを上手に整理して、それに特に興味を持っていない聞き手に向けて、その魅力を上手に伝えてみてください。

・イラストや記号などは大いに推奨します。

・ホワイトボードに貼れる＆４分で話せる適切な枚数はだいたい15枚以内です。

・プレゼンテーションを聞いていた人は、Ａ６大の紙に、フィードバックを書きます。

・フィードバックの書き方はあとで説明します。

・やっていただくことの説明は以上です。何か質問はありませんか？

③各自ＫＰを作成します

・ＫＰの作成時間は早い人でも20分、30分では足りない人も結構います。

・わずか４分のプレゼンテーションの準備ですが、結構時間がかかるものです。

・30分程度でなんとか終わるように、25分頃からマキを入れます。

④先頭バッターのプレゼンテーションが始まる前に、フィードバックの書き方について KP法で説明します

・ただボ～ッと聞いているのではなく、ぜひ発表者に有効なフィードバックを返してあげましょう。

・良かった点、イマイチだった点をできるだけ具体的に書きましょう。

・フィードバックの視点としては、プレゼンテーションの「内容」と「方法」の2つがあります。「内容」はまさに話している中味についてですね。「方法」とはKPシートの作り方、レイアウト、話し方、表情、ジェスチャーなどです。

・もし可能でしたら、自分だったらこうしたかもという改善提案や、何か参考になりそうな情報やアドバイスをぜひ、提供してあげてください。

⑤各グループ毎に発表の順番を決めてプレゼンテーションを始めます

・ホワイトボードか部屋を仕切るパーティションなど、マグネットが付く壁面の面積が確保できれば、物理的には何グループでも実施可能です。1つのグループの適切な人数は4～6人程度。つまり自分以外の3～5人に対してプレゼン

テーションをし、３～５人のプレゼンテーションを聞くことになります。

・全体で同時に進行するように（グループごとに進行のばらつきが出ないように）、全体の時間管理をします。

・プレゼンテーションが終わったグループには「では貼り終わったシートははがさないでそのままにしておいて、聞き手の皆さんはそのシートを眺めながらフィードバックを書いてみましょう」と促します。

⑥１人のプレゼンテーションが終わったら、すぐにフィードバックを書いてもらいます

・Ａ６程度の小さな紙に、プレゼンテーションを見聞きしての感想を書きます。

・左上に相手の名前、右下に自分の名前を書いておきましょう。

・フィードバックは率直に、でも愛情をこめて書きましょう。プレゼンテーションをしてくれた人の成長を願って、具体的に指摘すること、改善提案も書ければ書くこと、そしてあくまでも「私にはこう感じられた」という視点で書くことに留意してください。

・「プレゼンテーションした人も、ＫＰをやった直後の感想を書き留めておきましょう」と促します。
・フィードバックを記入した用紙はプレゼンテーションした人にすぐには渡さず、全員のプレゼンが終わってから一斉に渡すようにします。
・早くプレゼンテーションが終わったグループも、時間がかかったグループも次のプレゼン開始の時間は同時にします。

こうして、プレゼン↓フィードバック記入↓プレゼン↓フィードバック記入を繰り返していきます。

⑦各グループ全員分のプレゼン＆フィードバック記入が終了したら

・フィードバックの紙をそれぞれの発表者にプレゼントします。
・フィードバックを一枚一枚味わいながらしみじみと読みます。
・「良い印象だったか」「悪い印象だったか」という部分のみに関心を示して、あとは読み飛ばすような、もったいない読み方はしないで、フィードバックの言葉ひとつひとつを大事に受け止めてください。特に、自分の「できていないと思っている部分」や「苦手意識のある部分」へのフィードバックや、改善提案が書かれている部分は、しっかりと受け止めましょう。

⑧ＫＰセットを作って、そしてプレゼンテーションを実施して、さらにフィードバックをもらって（書いて）、気がついたことをグループ内で共有しましょう

・もし時間的に余裕があるようでしたら、前記の共有の時間で出てきたものを参考にして、ＫＰ法やプレゼンテーション・コミュニケーションについて「一般化」できそうなこと（個別の経験ではなく、普遍的に適応されるようなこと）を全参加者で共有しましょう。

・一般化できることとは、例えば「自分には当たり前のことはつい省略しがちだが、それこそ丁寧に伝えないと何も伝わらない」「イラスト・記号・図形、色の使い方など視覚に訴える方法は効果的」「最後の１枚に力を込めたり、オチを用意したりするのは記憶に残る」のような感じのことです。

ここでは僕のKP法実践講座を受講した立教大学大学院異文化コミュニケーション研究科の学生たちの作品をご紹介します。僕の講義を聞いた後に30分位で仕上げてもらいました。貼り方やイラストなどそれぞれ個性的です。

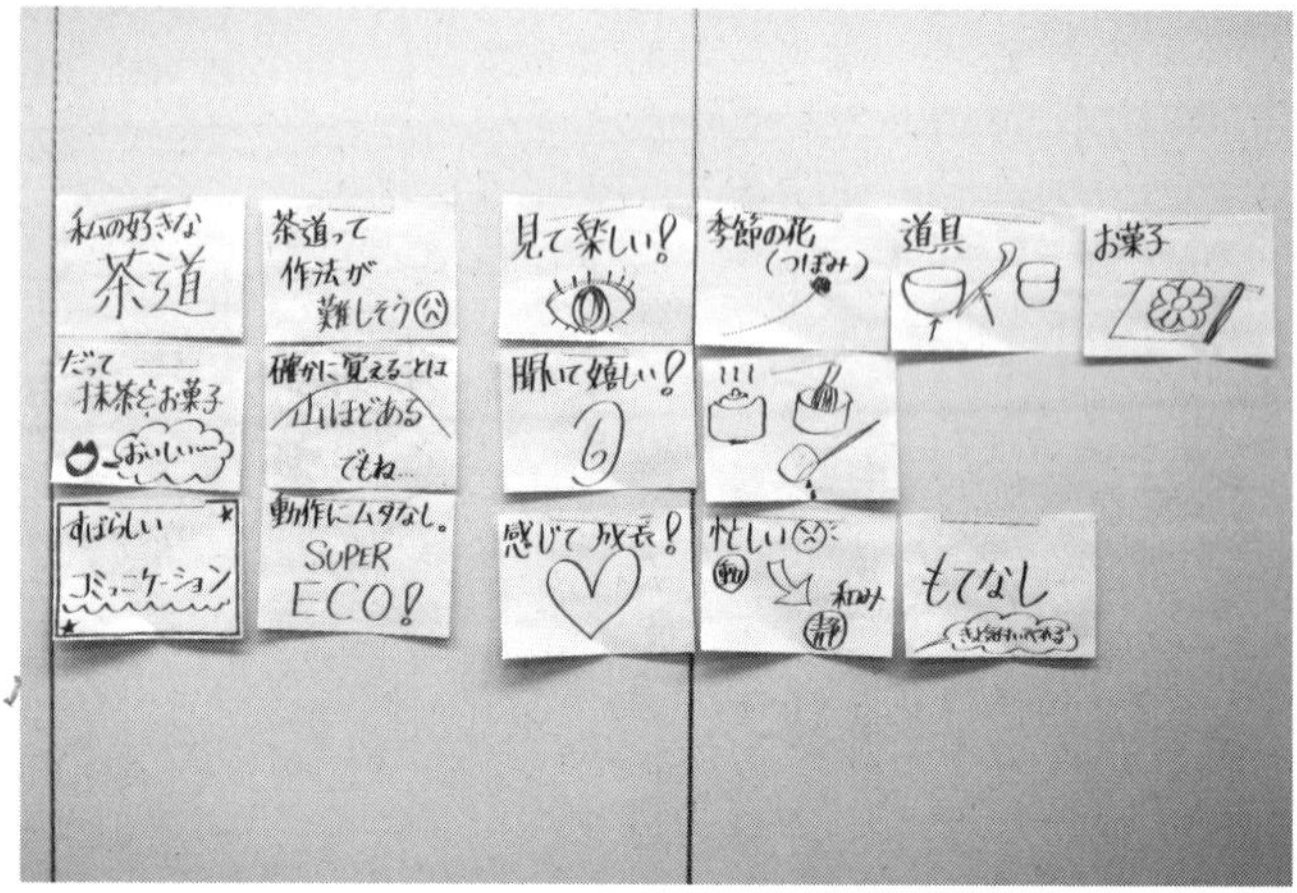

私の好きな茶道（神山直美さん）

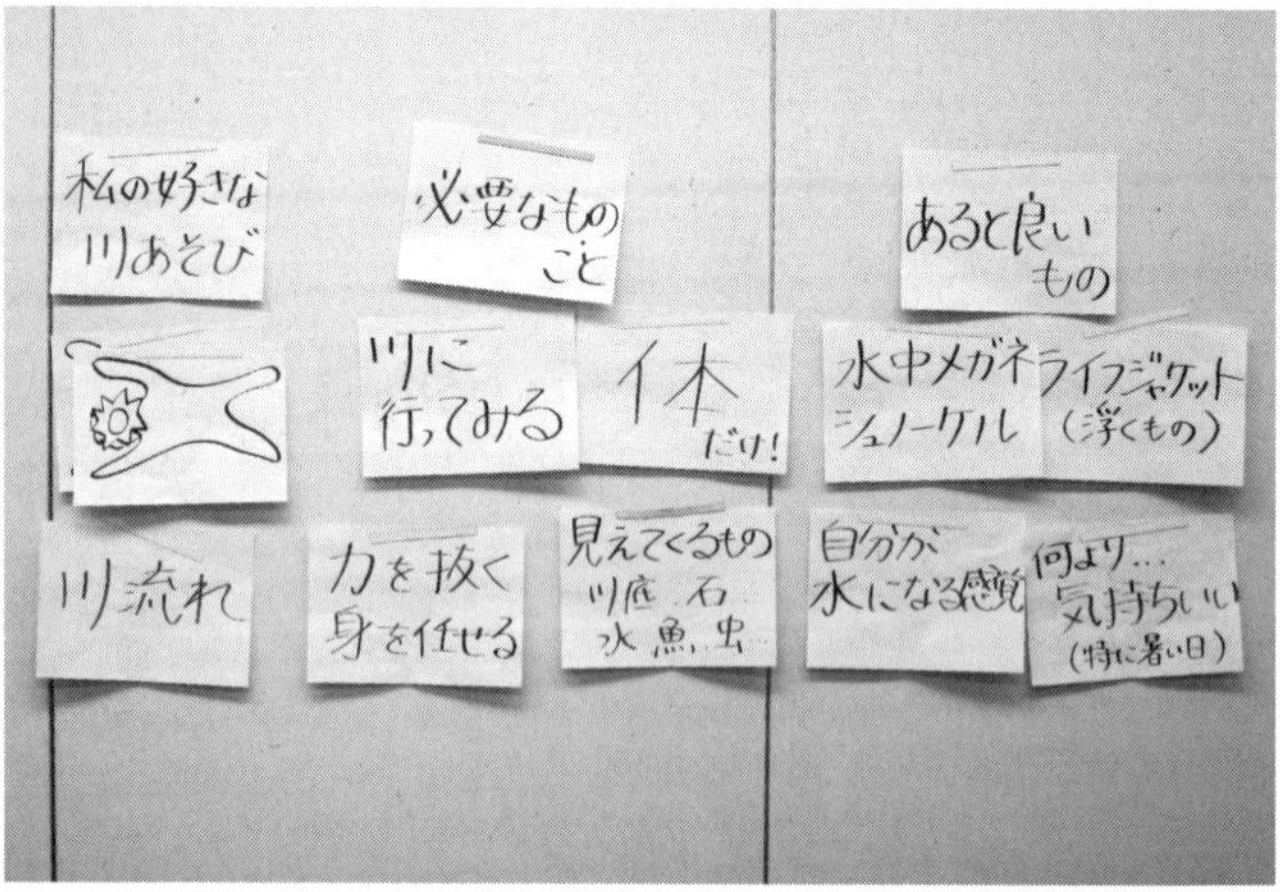

私の好きな川あそび（後藤瑛さん）

KP法実践講座受講生の初めての作品

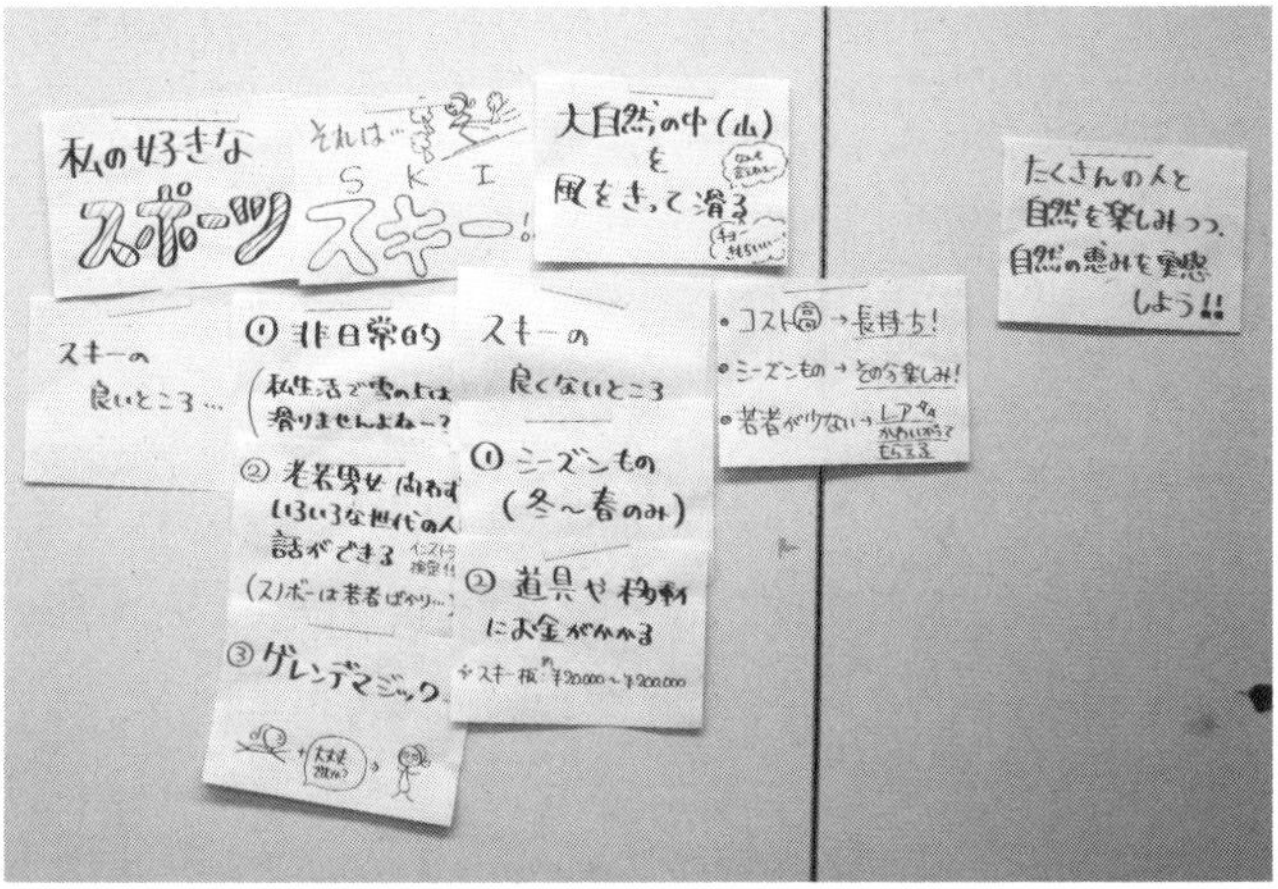

私の好きなスポーツ（太刀川みなみさん）

私の好きな食べもの（坪松美紗さん）

最後に僕が比較的よくやるKP法のプレゼンテーションを２つ紹介したいと思います。皆さんがKP法を実践する時の参考にしてください。

7 次にDo。僕はよく言うのですが、柔軟な実施ができているかどうかですね。計画のところでは、この「仕込み８割」を時々勘違いする人がいて、「仕込みは10割の力でなくて８割程度でいいんですね」って。もちろんそういう意味ではありません。PDCAの全体のなかで仕込みに８割位かけてほしいという意味です。

8 そしてチェック、参加者からの反応を受け取ります。イベントの最中の参加者の表情、終了後のアンケートなどにきちんと耳を傾けます。

9 そしてアクト、改善です。僕たちは成長し続けていくんだという決意をもって、常に改善の努力を続けていくということです。

10 このようにPDCAをぐるぐる回していくというのが、PDCAサイクルということです（ここで矢印を書きます）。

11 ただ同じところでぐるぐる回していくんではなくて、スパイラルアップという上昇らせんにしなければいけないという話なんですね。計画をして、実行をし、評価して、改善し、次の計画は前の計画よりもいい計画になっていなくちゃならない。さらにいい実施がなければならない、そこで厳しい評価をもらってさらにいい改善をしていく。そしてさらにいい計画を作っていく。こういうスパイラルアップのイメージがあってほしいなと思うのです。

時々、「私たちは現場力に強いチームなのでDoを大事にしていて、それが100%です」というグループがあります、これはちょっとどうかなと思いますね。「みんなよくがんばってくれた、ありがとう。つらいところや改善点などがあったと思いますが、今日はみんな忘れて飲みましょう、乾杯！」みたいな話ですね。こんな風にPDCAを回さないで、Doだけでやっている人のことを……

12 僕は堂々（Do, Do,）巡りと言っています。

第6章

02 KP法実践例 その1

成長のためのPDCAサイクル

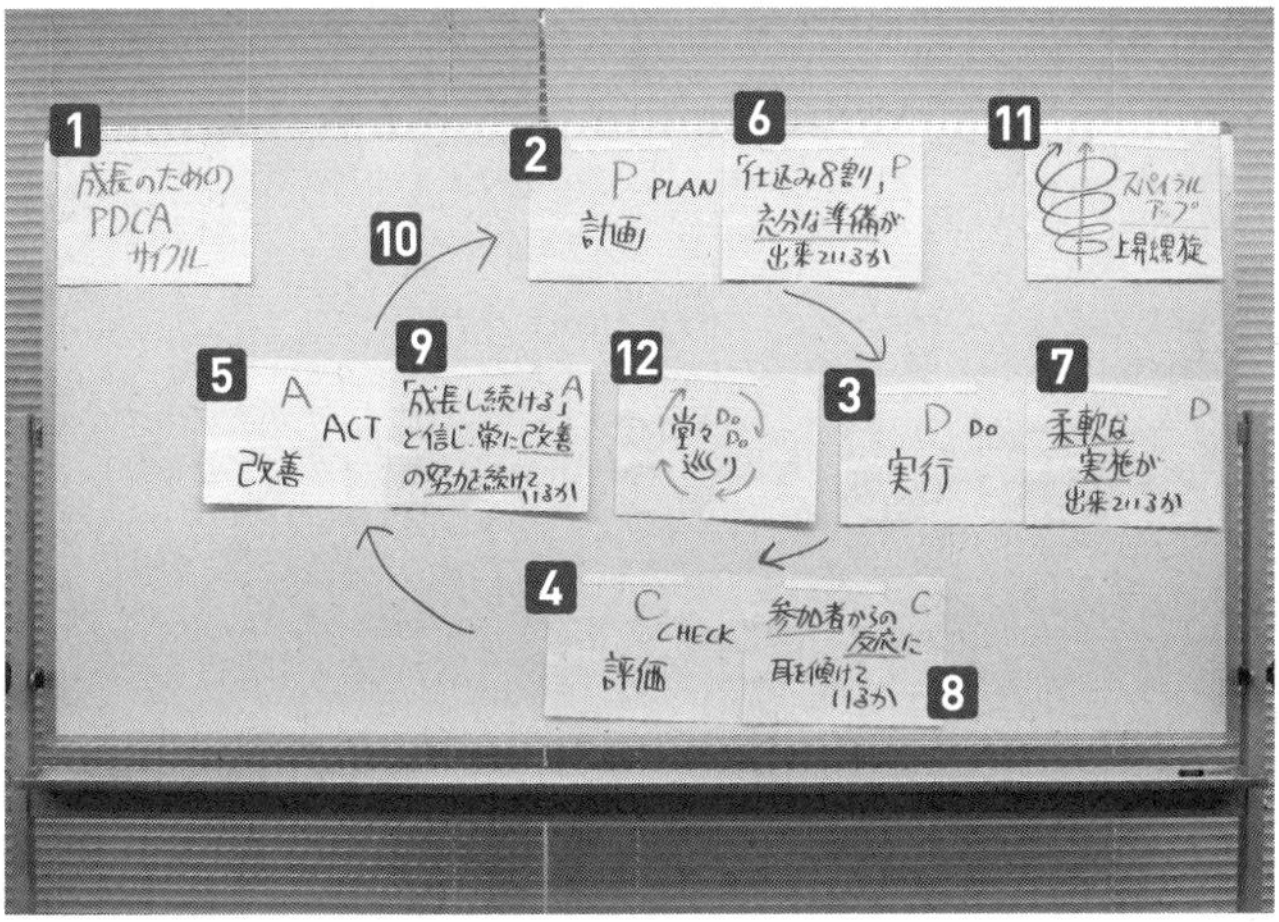

1 これからお話するのは、ビジネスパーソンだったら誰でも知っているPDCAサイクルのことです。PDCAサイクルはただただ回すだけでなく、成長していくという狙いが達成されなくてはいけませんね。

2 PDCAのPというのは、まず、Planですね。計画する。

3 それからD, Do、実行する

4 それからC, Checkする。評価する、ですね

5 それからA, Act、改善する。

6 ここで大事なことは、プランから言いますと、まずはきっちりと準備すること。仕込み8割です。

5 相手によって、投げるボールも投げ方も変えるでしょう。85歳のおばあちゃんにプロ野球で使うような硬球をパーンと投げますか、投げないでしょ。少し柔らかいボールにして下手で投げたりしますね。相手が２歳の子どもなら、どうしますか？　最初から届けにいくかもしれませんよね。相手によって投げるボールも投げ方も変える。

6 みなさんがそもそも、ふだんどんなボールをどんなふうに投げているのかを知っているか？　ということがとても重要な問題です。
「俺がボールを投げるといつも相手の人が血を流しているんだよな」なんて、ちょちょちょっと、あなた、それは鉄の砲丸か何かを投げているんじゃないですか。自分の投げ方に問題があるのかもしれない。

7 もうお気づきかもしれませんが、ボールは言葉、投げ方は伝え方、です。ですからどんな言葉をどんな伝え方で、伝えるか、それがコミュニケーションです。

8 こういう話をしたところで、僕のちょっと知り合いで中央のある省にお勤めの方がいらっしゃるのですが、「えっ、川嶋さんたちはコミュニケーションはキャッチボールなんですか？　ウチは違いますよ」って。「なんですかって」聞いたら「ウチではコミュニケーションは、ドッジボールだよ」「はあ、なんですかドッジボールとは」

9 「いかに相手の球に当たらないか、いかに相手を倒すか、これがコミュニケーションだよ」と。この人は、国と国の間のいろんな条約とかそういうものがわが国に不利にならないかをチェックする部署にいらっしゃる方なんですが、だから、いかに相手の球に当たらないか、相手を倒すのか、それが彼にとってのコミュニケーションだという話でした。彼はコミュニケーションスキルの高い、ユーモアのある方なので、もちろん一流のジョークですけれどね。

10 今日は各社の環境コミュニケーションを担当されているビジネスパーソンの方が集まっておられますが、ぜひですね、環境コミュニケーションは、間接的なコミュニケーションだとしても相手から何かボールが返ってきてほしいという前提でキャッチボール型のコミュニケーションを組み立ててもらったらどうかと思います。

11 皆さんどうでしょう、いつも相手をちゃんと見てボールを投げているかどうか、受け取っているかを意識してコミュニケーションを考えたらいかがでしょうか。

03 KP法実践例 その2

コミュニケーションはキャッチボールだ

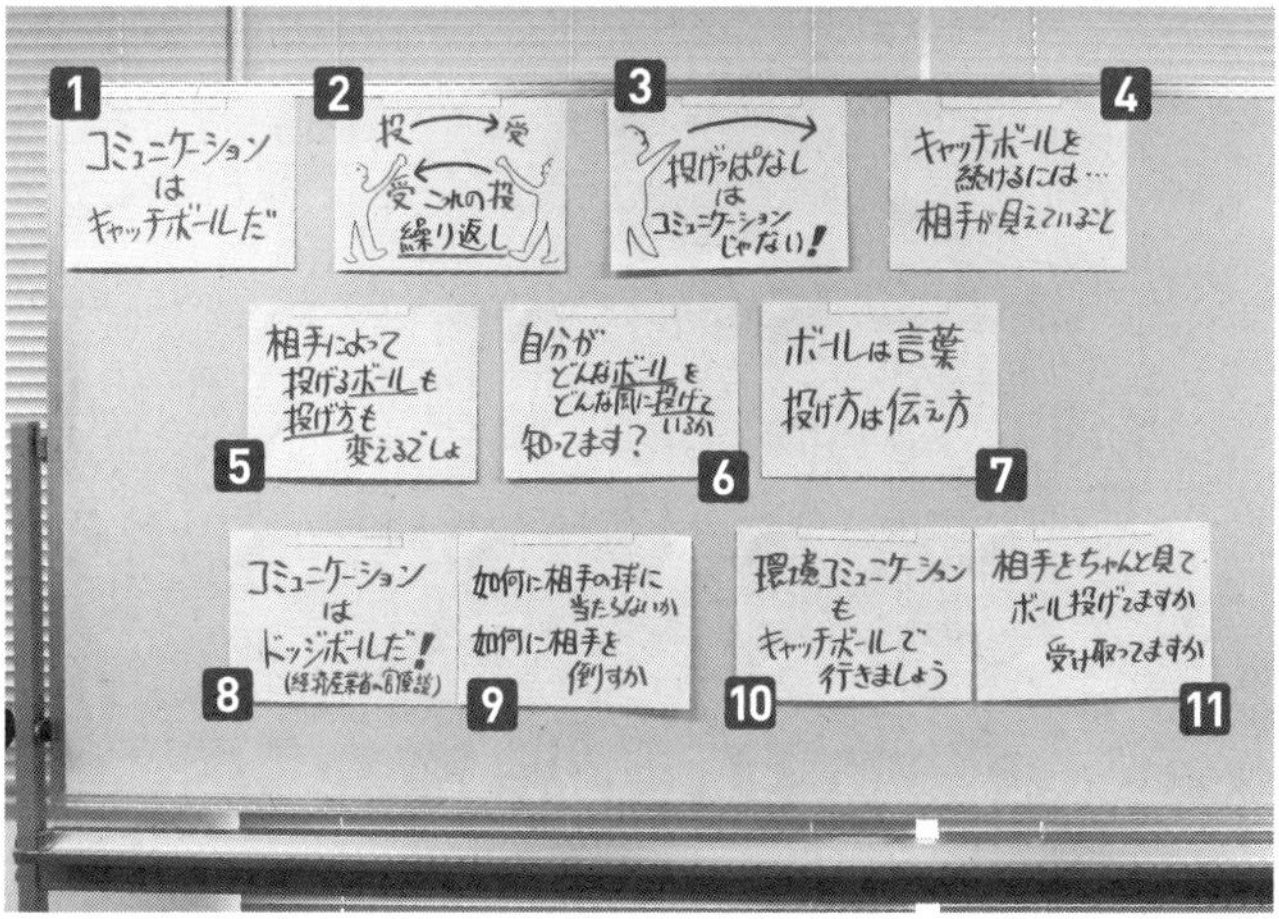

では、これからコミュニケーションのお話をします。ここでいうコミュニケーションは、いまやっているような相手の見えているコミュニケーションを基本的には前提にしています。相手が見えていない間接コミュニケーションでも、これは少し応用できるかなと思っています。

1 こういう言い方があります。コミュニケーションはキャッチボールだと。聞いたことがありますか？　ある、ありがとうございます。キャッチボールというのがどういうものかなと言うと、

2 こうですよね。この人がボールを投げる。受けた人が投げ返す。また受けた人がボールを投げる。これの繰り返し。これがキャッチボール。

3 で、投げっぱなしはコミュニケーションじゃない、という考え方ですね。「僕、言ったんですからね」で、あとは目をつぶってしまう

4 キャッチボールを続けるには、これは当たり前ですけれど相手が見えていないとだめですね。目をつぶってキャッチボールはふつうできない。もちろん目をつぶってボールを受け取ることもできない。

あとがき

ＫＰ法とは何ともヘンテコな名前ですよね。この本の中でも書きましたけれど、ＫＰ法は僕が発明した方法ではありません。「いま何について話されているのかを〝見える化〟する」、ＫＰ法の基本はそれだけです。パワーポイントプレゼンテーションだって使い方次第ではＫＰ法です。１９９０年代から環境教育などの世界で学びの場を作ってきた人たちの中では、わざわざＫＰ法なんて呼ばずにあたり前にやってきた方法です。

血の通ったプレゼンテーションがしたかったんです。それには、熱やパワーが必要です。もちろん内容に魅力のないプレゼンテーションは論外ですが、せっかく内容が面白くても、まるで熱もパワーもない、伝わらないプレゼンテーションをたくさん見て来ました。「何が違うんだろう？」そう自問しながら、少しずつ「紙に字を書いて貼って話す」という方法を磨いてきたのです。

僕の中でも進化し続けるＫＰ法ですが、このあたりでＫＰ法の考え方や技術を整理しておこうと思ったのです。本にして明らかにしてしまえば「僕はもっとこんな工夫をしているよ」とか「それには、こんな意味もあるんだよ」と、この方法がさらに意味付けられ、さらに育っていくと思ったのです。そう、そしていつか日本中のKP使いがその技を競い合う「KPグランプリ」でもやりたいですね。

最後に。キープ協会の皆さんには20年近くの間多くのKP法実践のチャンスを与えていただきました。高木幹夫代表はじめ日能研の皆さんにはKP法への様々なアドバイスをいただきました。全国のKP使いの仲間たちにも感謝。本当にありがとうございました。そして、KP法を本という形にしてくれた、みくに出版の安修平社長と大吉明佳さん、イラストを書いてくださった元万博インタープリターの鈴木律子さん、心より感謝いたします。

さあ〝KP法!〟一人歩きを始めてください。この本の読み手の方と御一緒に。

二〇一三年九月十日　秋風の吹く清里の森にて

川嶋　直

川嶋　直（かわしま・ただし）

1953年東京都生まれ。公益社団法人日本環境教育フォーラム理事長。1980年早稲田大学社会科学部卒業後、山梨県清里のキープ協会に入り「自然体験型環境教育事業」を組織内で起業。立教大学大学院異文化コミュニケーション研究科特任教授（2005～2010年）、同ESD研究センターCSRチーム長（2007～2012年）などを歴任。2010年公益財団法人キープ協会役員退任後は、「KP法」「えんたくん」などのファシリテーションの技術を駆使して企業研修、セミナー、ワークショップなどを行う。NPO法人自然体験活動推進協議会理事、一般社団法人日本インタープリテーション協会理事、日能研体験的学び室顧問。著書に『就職先は森の中～インタープリターという仕事』（小学館）、『アクティブラーニングに導くKP法実践』『えんたくん革命 1枚のダンボールがファシリテーションと対話と世界を変える』（いずれも共編著、みくに出版）など。

本書やKP法についてのご感想や活用例をお寄せください。
みくに出版WebShopの「お問い合わせフォーム」や「KP法」のフェイスブックページをご利用ください。

KP法　シンプルに伝える紙芝居プレゼンテーション

2013年10月5日　初版第1刷発行
2018年8月15日　第4刷発行

著　者　　川嶋　直
発行人　　安　修平
発　行　　株式会社みくに出版
〒150-0021東京都渋谷区恵比寿西2-3-14
電話03-3770-6930　FAX.03-3770-6931
http://www.mikuni-webshop.com/
イラスト　　鈴木律子
デザイン　　サン・ブレーン
印刷・製本　　サンエー印刷
ISBN978-4-8403-0532-7 C0034

定価はカバーに表示してあります。